地球の歩き方 JAPAN 島旅 10

3訂版

豊かな自然に守られた
尊き歴史の島

佐渡

SADO

JN050167

島の皆さんからのメッセージ

佐渡へようこそ！

佐渡で暮らし、島を愛する皆さんが、
佐渡の魅力や楽しみ方をこっそり教えてくれました♪

Welcome

記念写真も
撮りますよ！

たらい舟はぜひ
体験してほしいです。
自分でも漕いでみて
くださいね

小木 P.56

力屋観光汽船 船頭
長林 衣理さん（左）
高野 美紀さん（右）

カウンターで
語りましょう

地元の人と観光客で
にぎわう佐和田。
飲食店も充実しているので、
ぜひ島の人との
交流を楽しんで！

佐和田 P.83

焼とりやじま
矢島 拓さん

好みのお酒を
探してみて♪

キレイな水を使った
日本酒が佐渡の自慢。
おつまみはもちろん、
取れたてのお刺身や
お野菜もどうぞ

沢根 P.63

加藤酒造店
加藤 早紀子さん

真野や小木では
サーフィンも！

食を楽しむなら
秋から冬にかけての
佐渡もおすすめ。
フルーツは秋、
魚は冬がおいしいよ

千種 P.74

味彩
伊藤 潤さん

高台から
海が見えます♪

昔ながらの町並みが残る
京町通り。散策のついでに
ジュースやアイスで
ひと休みしていってください

相川 P.90

京町ちゃらくら商店
川岡 静佳さん
蒼くん

十割そば
始めました♪

椿屋陶芸館
佐々木 恵里紗さん

真野湾に沈む
夕日が大好きです。
雲の切れ間から差す光が、
太陽の傾きとともに
海面を七色に染めるんです

貝塚 P.77

佐渡の星空は
息をのむ美しさ

佐渡リゾートホテル吾妻 女将
深見 聖子さん

相川 P.90

シーカヤックやたらい舟、
トレッキングなど
海でも山でも体験を
楽しんでください！

ご当地グルメ
ブリカツ丼に
注目！

小木家 レストラン
青木 里織さん

小木 P.93

海の幸が豊富な佐渡。
天然ブリに衣をつけて揚げた
ブリカツ丼をご賞味あれ

小木の田楽ちょうちんを巡ってみては？

日本の原風景が残る佐渡。
加茂湖越しに眺める
大佐渡の山々が絶景です。
特に山頂に雪が残る
春がサイコー！

両津
P.47

塚本こうじ屋
塚本 理一郎さん

おいしい味噌を熟成してます

のんびりするなら
SHIMAFUMI が◎

きらりうむ佐渡
菊池 潤子さん

小木の町歩きは
ガイドと一緒がおすすめ。
新しい発見や楽しみが
いっぱいあるはず

小木
P.94

喜八屋ゴローカフェ
石原 雅美さん

相川
P.87

相川の春日崎は
夕日もきれいですが、
日中の眺めも
とってもすてきです

のんびり観光は
小木方面へ

潮風が香る港周辺や、
田園が続く宿根木方面など、
静かな町並みが魅力です

小木
P.95

小木家 おみやげ市場
佐々木 由未子さん

雪かき
大好き♪

のどかな田園風景が
広がる畑野。
稲穂が金色に輝く秋や、
雪景色に染まる冬が
とっても幻想的です

畑野
P.73

四季菜割烹 伝
曽我 裕美さん

とにかく佐渡は
大きいです！

蕎麦 茂左衛門 オーナー
齋藤 和郎さん

新穂
P.74

集落ごとに異なる
歴史や文化をもつ佐渡。
ゆっくり時間をかけて
観光を楽しんで

おいしい食べ物が
揃ってます

佐渡は野菜や
果物も自慢できる島。
イチジクやおけさ柿は
イタリア料理の具材にも
ベストマッチ！

新穂
P.76

deVinco へんじんもっこ
渡邊 拓真さん

西三川で
スイカとカキを☆

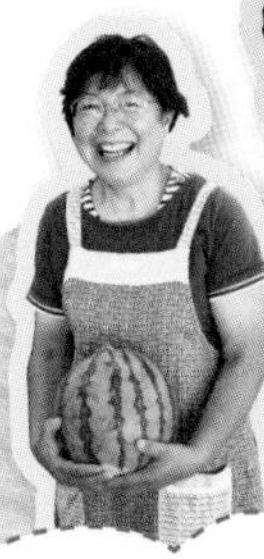

宿根木で
まったり散歩♪

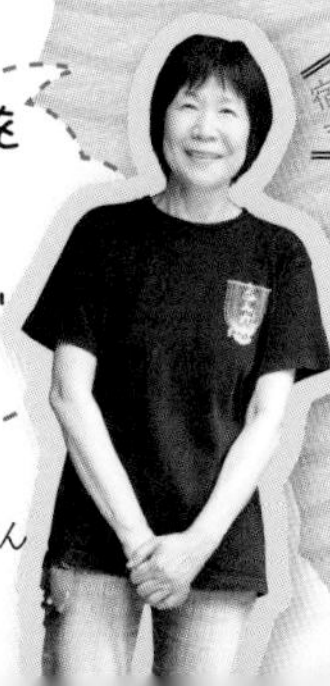

江戸時代の町並みを
残す宿根木は、
のんびり
歩いているだけで
心が和みます

宿根木
P.45

清九郎家 案内係
石塚 美佐枝さん

佐渡は果物もおいしい。
ジャムやジュースも
ビタミンたっぷりです

西三川
P.84

西三川くだもの直売センター
佐々木 秀子さん

日常から離れて…… 居心地のよい場所を探す旅

島旅×ジブン時間

島に着いたら急ぎ過ぎずに、ゆったりと流れる時間に身をまかせよう。
のんびり町を歩いたり、島の人たちとの会話を楽しんだり、
自分だけの島旅を見つけて。

小木の沢崎エリアにある万畳敷（MAP 折り込み④ A4）は、条件が合うと美しいリフレクション写真が撮れると話題のスポット　写真／伊藤善行

Nature

島旅×ジブン時間

日本の縮図！ 大自然の宝箱

東京 23 区の 1.5 倍という広大な島は、4 分の 3 が森林に覆われた豊かな自然が魅力。
寒暖両系の植物分布が見られ、色とりどりの花をはじめ四季折々の表情に癒やされる。

1. ブナやミズナラ林に守られた乙和池。高層湿原性浮島が見られる
2. 外海府に夏の訪れを告げる、大野亀の鮮やかなトビシマカンゾウ
3. 幕府により管理されていた山林に豪快に枝を伸ばす天然杉が残る
4. 棚田が連なる岩首には、修験道の修行の場でもある養老の滝が
5. 小佐渡にそびえる男神山と女神山の、南斜面に広がる紅葉山公園
6. 静寂に満ちた早朝の加茂湖。カキ棚をぶら下げた筏が浮かぶ

写真／伊藤善行（乙和池、沢崎鼻灯台）

上／潮が引くと巨岩につながる砂浜が浮かび上がる二ツ亀海水浴場
下／街灯が少ない佐渡は星空観賞に最適。沢崎鼻灯台も好スポット

1

Culture

島旅×ジブン時間

歴史に彩られた佐渡カルチャー

京からの流人や西回り航路、金山の発展などにより、佐渡はさまざまな文化の影響を受けた。
西日本や北陸を中心に多様な文化が混然一体となり、独自の文化として守り継がれている。

2

3

4

5

6

1. 伝統の佐渡おけさは哀調を帯びた節と洗練された踊りが格調高い
2. 佐渡金山の坑中から採れる赤土を使った、硬度の高い無名異焼
3. 島きっての古刹、長谷寺。十一面観音を胴に刻んだウサギ観音が
4. 妙宣寺の境内にたたずむ約24mの五重塔は 1825年に建立された
5. 宿根木の集落にある清九郎家で昔ながらの暮らしぶりに触れる
6. 佐渡の祭りに欠かせない鬼太鼓は、獅子舞に似た島の古典芸能

上／庶民の娯楽として発展した佐渡の能。島内に 36 の舞台が残る
左下／小回りの利くたらい舟は、小木半島で今でも漁に使われている
右下／新穂の清水寺には、京都の清水寺を模した救世殿がたたずむ

1

Island Life

島旅×ジブン時間

恵みの海に守られて。島に生きる

沖で交差する対馬暖流とリマン寒流のおかげで、佐渡は日本でも有数の漁場として知られる。
ときに恵みをもたらし、ときに脅威となる海にすべてを委ね、島の時間は刻まれていく。

2

4

6

3

5

1. フェリーでのんびり船旅というのも楽しい。見送りはウミネコたち
2. 旬のフルーツで作るフルーツカフェさいとうの名物、いちご削り
3. 日本の原風景が残る佐渡には、海外からの観光客も増えている
4. 真っ白なパラソルがリゾートを思わせるカフェ、SHIMAFŪMI
5. 夜間用の漁灯を連ねたイカ釣り船が停泊する、西海岸の姫津漁港
6. 地元の常連客が集う居酒屋は、島の雰囲気を味わうのに最適

左上／美しい田園で、野生化したトキがタニシなどの餌をついばむ
右上／七浦海岸を代表する夕日スポット、春日崎で出合った鮮烈シーン
左下／旅館や民宿では、新鮮な海の幸でゲストを歓迎してくれる
右下／宿根木集落の世捨小路には中央がへこんだ石畳の道が延びる

地球の歩き方 JAPAN 島旅 10

佐渡 3訂版 contents

本書の見方

使用しているマーク一覧

- 交 交通アクセス
- バス停
- 住 住所
- 電 電話番号
- FAX FAX番号
- 問 問い合わせ先
- 時 営業・開館時間
- 所要 所要時間
- 休 定休日
- 料 料金
- 客室数 客室数
- カード クレジットカード
- 駐車場 駐車場
- URL ウェブサイト
- 予約 予約
- 観る・遊ぶ
- 食べる・飲む
- 買う
- 泊まる
- voice 編集部のひと言
- 旅人の投稿

地図のマーク

- 観る・遊ぶ
- R 食事処
- S みやげ物店
- H 宿泊施設
- 卍 寺院
- 神社
- 温泉
- A アクティビティ会社
- i 観光案内所
- バス停

※新型コロナウイルス感染拡大の影響で、営業・開館時間や定休日が変更となる可能性があります。お出かけ前に各施設・店舗にご確認ください。
※本書に掲載されている情報は、2020年9月の取材に基づくものです。正確な情報の掲載に努めておりますが、ご旅行の際には必ず現地で最新情報をご確認ください。また弊社では、掲載情報による損失等の責任を負いかねますのでご了承ください。
※商品・サービスなどの価格は原則として2019年10月からの新税率の税込価格で表示しています。
※休館日や休業日は年末年始、お盆を省き、基本的に定休日のみ記載しています。
※宿泊料金は特に表示がない場合、1室2名利用時の1名当たりの料金です。また、素…素泊まり、朝…朝食付き、朝夕…朝夕食付きを意味します。

豊かな海と大地に恵まれた日本最大の島

ひと目でわかる佐渡

新潟港から約１時間というアクセスのよさにもかかわらず、
意外と知られていない佐渡の全体像。
まずはおさえておきたい基礎情報をご紹介。

島で～た

面積	855.69㎢
海岸線	280.9㎞
最高標高	1171.9m（金北山）
人口	5万2135人（2020年）

P.86

相川（あいかわ）

江戸時代は佐渡金山で働く人々でにぎわい、現在は観光の中心に。古い町並みに情緒が漂う。

P.80

佐和田（さわた）

真野湾に面したのどかな町で、洗練された飲食店に島の若者が集まる。人気の旅館も多い。

七浦海岸

入り組んだ海岸線が連なる佐渡きっての景勝地。夕日も◎。

P.92

小木（おぎ）

西回り航路の寄港地として栄えた歴史をもつ。現在は貴重な地形に注目。

P.92

宿根木（しゅくねぎ）

石畳の小路に沿って船板や船釘を使った家屋が立ち並ぶ集落が人気。

気になる ベーシックインフォメーションQ&A

Q 何日あれば佐渡を満喫できる？

A 日帰り圏内だけど2～3泊したい。

新潟～両津航路は冬季でも１日10便往復しているので日帰りも可能だが、料理や遊びを満喫するなら宿泊したい。→ P.120

Q 予算はどれくらい必要？

A ２泊３日で３万円台～が目安。

新潟～両津航路の場合、カーフェリーの２等船室を利用すると予算は２泊３日で３万円くらいから。宿泊施設や過ごし方によって変わる。→ P.117

外海府(そとかいふ)

大野亀や二ツ亀など、巨岩や断崖が連なるダイナミックな海岸線が続く。

ドンデン山

花に彩られた草原が広がり、ハイキングに最適。

両津(りょうつ)

海と加茂湖に挟まれた港町。商店街が延び佐渡の玄関口としてにぎわう。

国中平野

ふたつの山脈に挟まれた平野では上質な米や野菜が取れる。

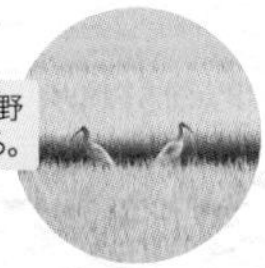

真野(まの)

かつては佐渡の国府がおかれた由緒ある地。寺院など旧跡が多く残る。

赤泊

赤泊港を中心とした、美しい自然と歴史が残る豊かな地。

佐渡へのアクセス

新潟港から最短、約1時間！

新潟～両津航路は、ジェットフォイルなら1時間5分、カーフェリーなら2時間30分。両方合わせて1日10～12往復しておりアクセスはとてもよい。新潟駅から新潟港までは車で約10分で着く。→ P.120

小木への運航も

直江津～小木航路はカーフェリーが1日2便運航。直江津港へは直江津駅からタクシーで約10分、または北陸新幹線の上越妙高駅からバスで20～30分と好アクセス。

島内移動は車がメイン

佐渡は大きい島なので、車で移動するのが基本。カーフェリーでマイカーを持ち込んでもいいし、レンタカー会社も多い。路線バスも運行されている。

Q 宿泊施設は充実している?

A 高級旅館から民宿まで揃う。

大型の旅館からアットホームな民宿まで、予算や好みによって選択肢は豊富。2食付きが基本だが素泊まりもOK。→ P.124

Q ベストシーズンはいつ?

A 花は4月末から。海は8月中旬まで。

天候が安定する7～8月がベスト。花は4月末から咲き始め、6月まで楽しめる。海水浴場はお盆頃までにぎやか。→ P.117

Q どんな料理が食べられる？

A やっぱり新鮮シーフード。

豊かな海に囲まれた佐渡では、水揚げされたばかりの新鮮な海鮮料理を味わえる。なかには季節限定の食材もある→。P.119

さて、佐渡へはいつ行きましょうか？　多彩な表情が魅力です♪

佐渡の島ごよみ

平均気温 & 降水量

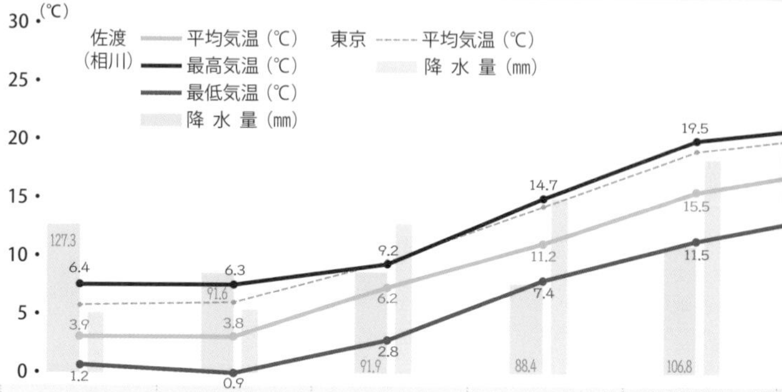

※参考資料 気象庁ホームページ www.jma.go.jp
※気象庁新潟地方気象台相川測候所における1981～2010年の平均値

	1月	2月	3月	4月	5月
海水温	10℃	9℃	9℃	11℃	13℃

オフシーズン

シーズンガイド

冬 12~2月
季節風が吹き、断崖に荒々しい波が打ちつける冬。しかし寒ブリやカキなど、おいしい食材が出回る季節でもある。

春 3~5月 花が咲き始める♪
海藻や山菜など旬の味覚が春の訪れを告げる。4月下旬～5月上旬の雪解けとともに、山野を埋め尽くす色とりどりの花に圧倒される。

お祭り・イベント

※詳しくはP.104へ

まっさき食の陣
タラ汁や刺身を食べながら伝統芸能を鑑賞

佐渡國鬼太鼓
鬼太鼓など芸能の

佐渡國相川ひなまつり
佐渡・両津おひなさまお宝めぐり
存在感のある伝統的なひな人形を展示

佐渡金山桜並木ライトアップ
佐渡金山の夜桜を楽しめる

佐渡トキマラソン
ハーフやフルのほか中距離も用意

見どころ・旬のネタ

※詳しくはP.119へ

- 寒ブリ
- ドンデン高原ロッジの
- 本ズワイガニ

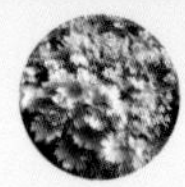

- シラネ
- ナガモ
- 南蛮エビ（甘エビ）

- 大
- 真ガキ

- マグロ
- マグロ

対馬暖流の影響で、新潟市に比べて夏は涼しく冬は暖かい佐渡。
冬でも比較的過ごしやすいが、旅行のベストシーズンといえばやっぱり夏。
コバルトブルーの海が輝き、さまざまな祭りやイベントが開催される。
雪が解ける５月頃から山々に咲き乱れる花も、佐渡を彩る魅力のひとつ。

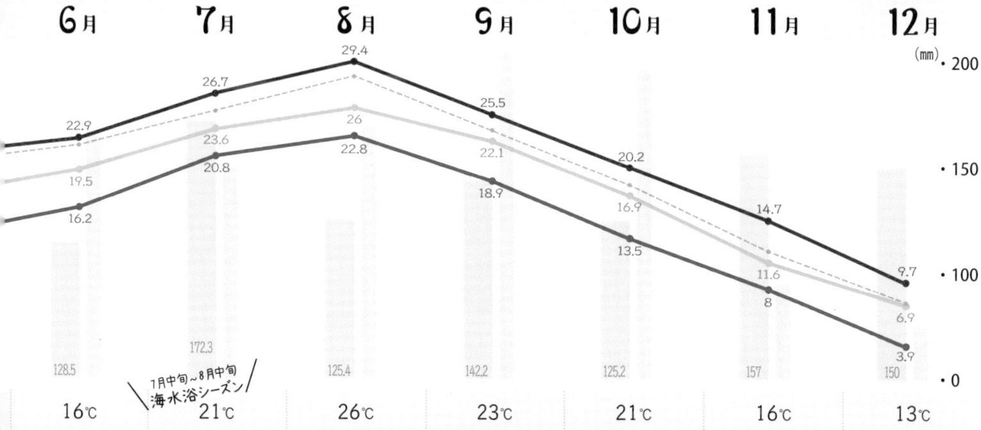

オンシーズン　オフシーズン

夏　6～8月　旅のベストシーズン！

海の透明度が上がり、マリンスポーツや海水浴には最適なシーズン。薪能や鬼太鼓をはじめ、多くの祭りやイベントが開催され華やか。

秋　9～11月

黄金に色づいた稲穂が風に揺れる、日本の原風景に癒やされる。紅葉で赤や黄に染まる山々も美しい。柿やリンゴなど果物がおいしい。

どっとこむ
披露で盛り上がる

白山丸祭り
復元千石船を展示館から引き出す

鉱山祭
格調高いおけさ流しが見られる

鬼太鼓 in にいぼ　朱鷺夕映え市
島内最大級の露天市。鬼太鼓など芸能も

京町音頭流し「宵乃舞」
相川音頭に合わせ京町通りで踊りを披露

佐渡国際トライアスロン大会
真野湾を起点に、自転車で島を1周

両津七夕・川開き
パレードや大民謡流しに続き花火大会も

業期間

寒ブリ

オイのシーズン

トビシマカンゾウのシーズン

本ズワイガニ

能月間

ビオレソリエス（黒イチジク）

海水浴のシーズン

南蛮エビ（甘エビ）

佐渡石名天然杉の遊歩道オープン（積雪前まで）

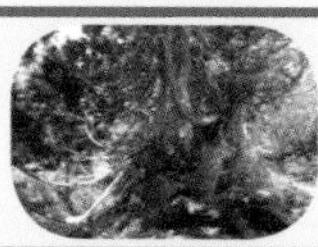

サザエ、マイカ（スルメイカ）

マグロ

豊かな海に守られた、島の魅力を味わい尽くす

佐渡をもっとよく知る Keyword

田畑が広がる平野から暖流が育む豊穣の海まで、
山海の幸に恵まれた佐渡。冗談交じりに独立論も出るほど
豊かな島には、独特の風俗が息づく。

巨樹
Giant Tree

巨木にみなぎる生命のパワー

樹齢 500 年を超える金剛杉をはじめ、迫力の巨樹が生える佐渡の山。かつて金山に使う薪炭を確保するため保護したことで、現在でも多くの天然杉がダイナミックな姿のまま残る。→ P.36

佐渡金山
Sado Gold Mine

栄華の余韻を伝える貴重な史跡

1601 年に開発され、388 年間にわたって採掘が続けられた佐渡金山。江戸幕府の財政を支えるほどの採掘量を誇り、貴重な史跡は観光資源として注目されている。→ P.50

朱鷺
Toki

気品にあふれる幻の鳥

淡いピンクの羽が美しいトキ。日本産は絶滅したが、佐渡では中国産のトキを人工的に繁殖させている。放鳥も行っており田園地域で見られる。→ P.52

新鮮シーフード
Seafood

豊かな日本海に育まれた絶品料理

佐渡の海は、南北の魚が生息しているのが特徴。大小 30 以上の漁港をもち、カニやエビなどの甲殻類、アワビやサザエなどの貝類も豊富。加茂湖や真野湾ではカキも取れる。→ P.24

棚田
Rice Terrace

潮風に稲穂たなびく日本の原風景

佐渡には先祖伝来の棚田が残り、山間に連なる芸術的な景観は一見の価値あり。2011 年には棚田のある風景をはじめ、伝統文化や農法が世界農業遺産に登録されている。→ P.53

祭り
Festival

伝統を守り続ける島の風物詩

佐渡では年間を通してさまざまな祭りが開催されている。多くの観光客が集まる大規模なものから、集落で行うこぢんまりとしたものまで多種多様。伝統的な踊りや門付芸能なども見られる。→ P.104

京カルチャー
Kyoto Culture

千石船
Sengoku Bune

佐渡の繁栄を支えた回船文化

佐渡南端の小木半島は、千石船が立ち寄る西回り航路の風待港として繁栄。金銀を積んだ船が往来しにぎわった。船乗りや商人たちが持ち込んだ文化は佐渡に大きな影響を与えている。

流人が持ち込んだ文化の交差点

かつて流刑地だった佐渡。政治犯や思想犯はほとんどが貴族や文化人で、佐渡が京文化の影響を受けているのはそのため。

能
Noh

庶民の娯楽として伝わる芸能

佐渡に伝わる能は、庶民の生活に溶け込んでいるのが特徴。かつては農民が畑仕事で謡曲を口ずさんだというほど。今でも 36 の能舞台が残っている。→ P.64

日本の縮図
Small Japan

暖流が生み出す多彩な季節

沖を流れる対馬暖流の影響で、新潟本土に比べて冬は暖かく夏は涼しい佐渡。南北の植生が見られ、日本の縮図と呼ばれる。

たらい舟
Tarai Bune

複雑な地形に合わせて進化

海底火山や地震によって入り組んだ海岸線、隠れ根が多い小木半島。たらい舟は、そんな海で安全に漁をするために生み出された。小回りが利く個性的な舟は現役で使われている。→ P.56

トレッキング
Trekking

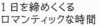

色とりどりの花が彩る絶景ルート

多彩なトレッキングルートが用意され、生命感あふれる山を堪能できる。さまざまな花が見られ、特に４月から６月にかけて咲き乱れる春の花は見事。→ P.36

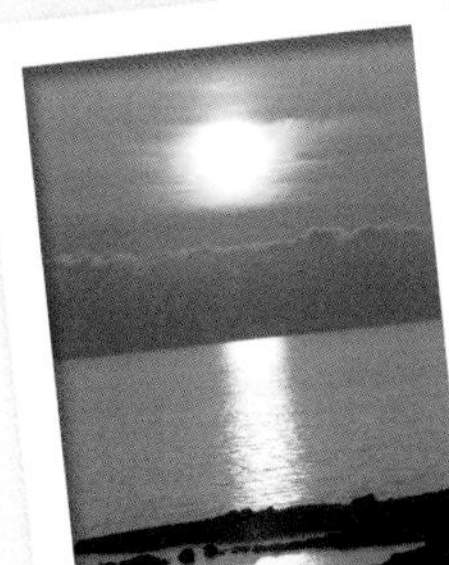

夕日
Sunset

１日を締めくくるロマンティックな時間

サンセットポイントの宝庫として知られる佐渡。日本海に沈む夕日にはほのかな哀愁が漂い感情を揺さぶる。七浦海岸の春日崎や夫婦岩、小木の沢崎鼻灯台などが有名。

豊かな自然の恵みを持ち帰り♪

島みやげ

買えるお店は P.23 に！

食材が豊富な佐渡では、おみやげも海の幸、山の幸とその加工品が中心。佐渡ならではの食べ物も多く、島の自然を家庭でも感じられる逸品が揃う。

素材のよさを引き立てる名脇役 絶品 調味料

ひと手間かけた調味料は、食材が個性を放つために欠かせない存在。家での料理が楽しくなりそう。

490円

パーシモンビネガー

佐渡の名産品、おけさ柿を使った風味豊かな柿酢。料理はもちろん、水で割ってヘルシーなドリンクにも Ⓒ

粗塩680円

藻塩800円

佐渡のみしお

海洋深層水を煮詰めた、ミネラル豊富な塩。海藻を煮詰めた藻塩は天ぷらに Ⓞ

各648円

100% フルーツジャム

西三川の果樹園、さかや農園の手作りジャム。リンゴや桃など季節の果実を煮込んだシンプルな味わい Ⓘ

950円

乳製品との相性抜群！

ブルーベリーとブラックベリーのソース

自家栽培のブルーベリーとブラックベリーを使ったフルーツソースタイプのジャム。ブラックベリーがさわやか Ⓔ

各980円

佐渡産フルーツと甘酒のジャム

砂糖の代わりに佐渡産コシヒカリの甘酒「麹のおちち」を使ったジャム。甘味はさっぱり、ほのかな酸味が上品！ Ⓔ

650円

焼きとびうおだしめんつゆ

乾燥させたアゴを半年以上寝かせ、まろやかな味わいに。天つゆにも◎ Ⓞ

1800円

アゴだし

佐渡で取れたトビウオの乾物。味噌汁のだしとしても、酒の肴としても楽しめる Ⓓ

島ならではのおみやげに 地元で噂の 名産品

地元ファンも多い商品は見つけたら即ゲット。自宅にもストックしておきたい実力派揃い。

980円

佐渡番茶

加茂湖沿いの潟端産の番茶。色も香りもよく、地元では米と一緒に炊くちゃげえ（茶粥）にも使われる Ⓙ

621円

麹のおちち

佐渡産コシヒカリを100％使った佐渡発酵の甘酒が大人気。食べるタイプは調味料にも Ⓙ

320円

あごだしら〜めん

トビウオから取った上品な魚介系スープと細麺が相性抜群。あっさりとした塩ラーメン Ⓞ

うま味爆発っ！

648円

りんごジュース

田切須の無袋りんごから生まれた果汁 100% ジュース。優しい甘味のなかにさわやかな酸味がただよう Ⓘ

評判のベーカリー、ポッポのパン

国産小麦と佐渡の地下水を原料に、酵母や塩まで天然素材にこだわった無添加のパン。山に囲まれた猿八集落で製造している。ライ麦やオレンジピールを使ったパンも。514円 Ⓙ

ご近所さんにも配りたい

\やみつき!!/ 海の幸

佐渡に行ったら、やっぱり海産物をまとめ買い。
希少な魚が安く手に入るのも島旅の魅力です。

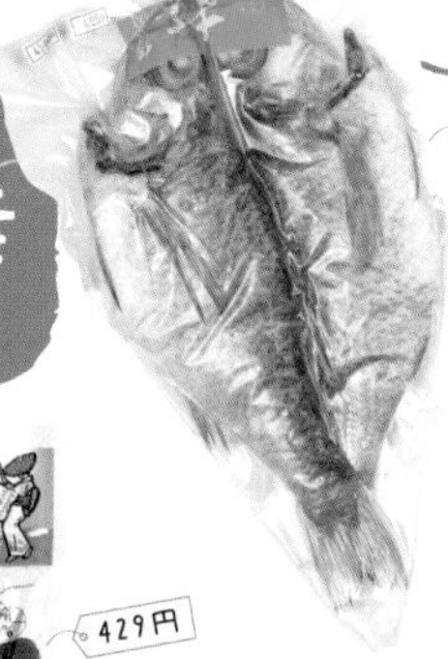

3000円～

のどぐろ天日干し

水揚げされたばかりの新鮮なアカムツを使用。脂がのっており上品な味わい Ⓚ

710円(3枚)

さんまの糠漬

脂ののったサンマを糠で熟成させた人気商品。濃厚なうま味が口の中に広がる Ⓟ

各900円

イカの一夜干し

新鮮な佐渡産スルメイカを一夜干し。甘口なので、軽くあぶっておつまみに Ⓓ

429円

佐渡っ子もずく

佐渡産の天然もずくは太く、シャキシャキとした歯応えがあるのが特徴。栄養も豊富 Ⓙ

\佐渡といえば
イカとワカメ!/

800円(100g)

天然わかめ

天然のワカメは小木の特産品。水で戻すとコリコリとした食感が復活! 潮の香りがふんわり Ⓓ

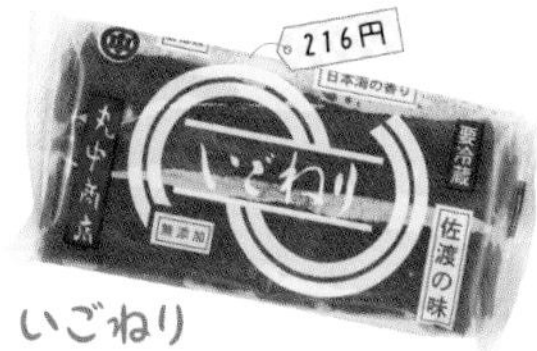

216円

いごねり

いご草という海藻を煮溶かして固めた伝統食品。佐渡では酢味噌で食べるのが一般的 Ⓚ

972円

ほたるいか沖漬

取れたてのホタルイカを、そのままたれに漬け込み冷凍した鮮度抜群の商品 Ⓚ

480円(200g)

佐渡産ながも

一般的にアカモクと呼ばれる粘りのある海藻。佐渡では1～2月に収穫される Ⓟ

\地元の人も大好き!/

1020円

佐渡バター

佐渡産の生乳を使用したバター。風味を出すために木製樽を使用し懐かしい味に Ⓙ

320円

手作りゴーダチーズ

佐渡産の生乳を使い、牛乳のほんのりとした甘味が広がる絶品。トーストとの相性抜群 Ⓙ

こだわりソーセージ

佐渡の有名店、へんじんもっこのソーセージ。新潟県産の豚を中心に使い、添加物をなるべく抑えたこだわりの商品 Ⓖ

誰にでも喜ばれる!

\ハズレなしの/ お菓子

お菓子は相手を選ばない鉄板みやげ。小分けタイプならバラマキみやげにも。

佐渡バターを使用して作った
佐渡 バター
クリームサンドクッキー
佐渡バター風味のおいしさ
SADO BUTTER CREAM SAND COOKIES

760円(6個)

佐渡バタークリームサンドクッキー

佐渡海洋深層水塩を使った佐渡バター風味のクッキー。ふくよかな香りのクリームがおいしい Ⓞ

佐渡牛乳カステラ
これはカステラです!
SADO MILK
佐渡牛乳
カステラ

970円

佐渡牛乳カステラ

佐渡牛乳のかわいいパッケージの中はカステラ。8等分に切れているのですぐに食べられる Ⓒ

\たっぷり卵が贅沢/

1188円

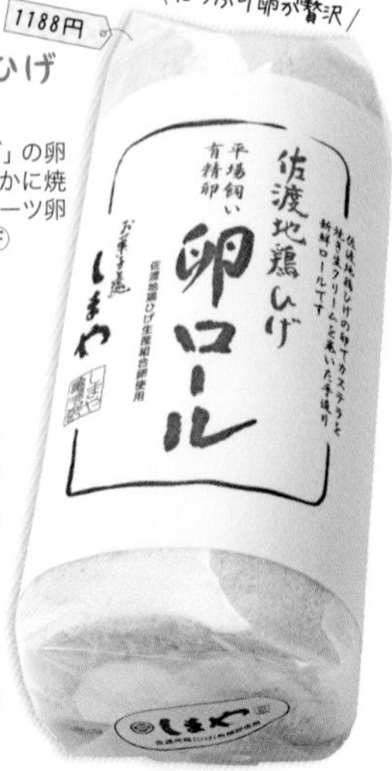

佐渡地鶏ひげ卵ロール

佐渡地鶏「ひげ」の卵をふんわり軟らかに焼き上げた。フルーツ卵ロールも好評 Ⓕ

1080円(6個)

黄金フィナンシェ

濃厚な佐渡バターと南魚沼産コシヒカリの米粉が出合った、バニラ風味のしっとりフィナンシェ Ⓒ

1080円

洋梨の精

佐渡産の洋梨、ル・レクチェの果肉が入った、餅菓子風の上品なゼリー Ⓞ

1080円

柿しぐれ

佐渡名産のおけさ柿を使ったゼリー状の菓子。冷やしておやつに Ⓞ

2000円(12個)

SADO ISLAND
SADO Milk
Sand Cookie
佐渡ミルクサンドクッキー

佐渡ミルクサンドクッキー

佐渡牛乳を100%使った、サクサク食感の優しい味わいのクッキー。大切な人に贈りたい上質スイーツ Ⓗ

486円

元祖澤根だんご

金山へと続く沢根街道で、江戸時代から販売されていた。なめらかな食感 Ⓕ

1800円(18個)

\デザインもおしゃれ♪/

佐渡塩キャラメルラングドシャ

深海塩の「佐渡のみしお」を使った塩キャラメル味のクッキーでチョコレートをサンド Ⓗ

540円

いももち

無農薬のサツマイモを原料にした素朴な味わいの餅。佐渡の家庭でも食べる定番スイーツ Ⓜ

佐渡ならではのキュートなおみやげ

ゆるかわ 佐渡グッズ

佐渡のアイドル、トキをモチーフにしたアイテムのほか、島をかたどったクリップも好評。

220円

トキストラップ

スワロフスキー風のきらびやかなトキが存在感を主張。フォルムがかわいい Ⓞ

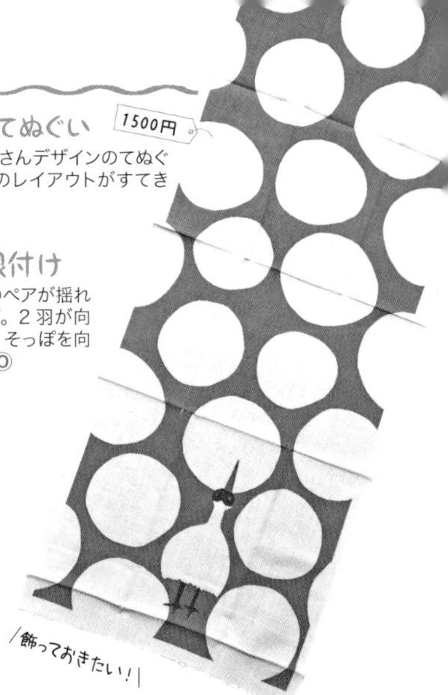

1500円

トキオドットてぬぐい

版画家、本間尚子さんデザインのてぬぐい。大胆なドットのレイアウトがすてき Ⓔ

飾っておきたい！

390円

トキの根付け

小さなトキのペアが揺れるストラップ。2羽が向き合ったり、そっぽを向いたり…… Ⓞ

200円

けしごむマスコット

佐渡牛乳をモチーフにしたキーホルダー。何が出るかわからないガチャの景品。消しゴム入り Ⓐ

500円

佐渡ジオパークオリジナルクリップ

島の形をそのままクリップにした、佐渡ジオパーク推進協議会のオリジナルグッズ。10個入り Ⓝ

こだわりの一点物を狙え

ぬくもり ハンドメイド

伝統の民芸品や工芸品は、旅の思い出に最適なおみやげ。モダンなアート作品もあるので、お気に入りを探して。

文夫で長持ち！

7000円

裂（さ）き織（お）りバッグ

着物や浴衣を再利用した裂き織り。佐渡伝統のねまり機で織られている Ⓜ

1100円

無名異焼（むみょういやき）のぐい飲み

無名異焼は湯飲みや茶碗など定番アイテムのほか、ぐい飲みやコーヒーカップなどのバリエーションも Ⓑ

2200円

無名異焼の湯飲み

佐渡伝統の無名異焼。酸化鉄を多く含んでいて硬く、たたくと金属音がする Ⓑ

3000円

赤玉石のブレスレット

佐渡の赤玉石を加工。深い紅色は落ち着いた雰囲気で、どんな服にも合う Ⓛ

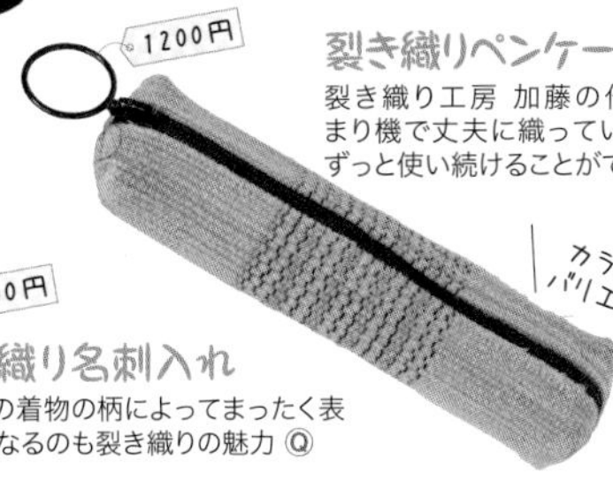

1200円

カラーバリエも

裂き織りペンケース

裂き織り工房 加藤の作品。ねまり機で丈夫に織っているので、ずっと使い続けることができる Ⓠ

個性が際立つ

1800円

裂き織り名刺入れ

裂く前の着物の柄によってまったく表情が異なるのも裂き織りの魅力 Ⓠ

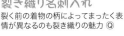

島内に5ヵ所、風景印を制覇！

風景印はその土地ならではの絵柄を採用した郵便局のスタンプ。佐渡では両津・相川・佐和田・小木・新穂の5つの郵便局で押してもらえる。「風景印をお願いします」と声をかけて。

ここで買えます！

Ⓐ	みるく・ぽっと	P.72
Ⓑ	椿屋陶芸館	P.77
Ⓒ	シータウン商店街	P.77
Ⓓ	佐渡漁協直売所	P.77
Ⓔ	Berries	P.77
Ⓕ	SHIMAYA CAFE	P.77
Ⓖ	へんじんもっこ	P.77
Ⓗ	たびのホテル佐渡	P.78
Ⓘ	西三川くだもの直売センター	P.84
Ⓙ	喜右ェ門	P.84
Ⓚ	丸中商店	P.84
Ⓛ	真野観光センター	P.84
Ⓜ	其蜩庵	P.90
Ⓝ	喜八屋ゴローカフェ	P.94
Ⓞ	小木家 おみやげ市場	P.95
Ⓟ	小木マリンターミナル	P.95
Ⓠ	裂き織り工房 加藤	P.109

1日三食じゃ足りない〜っ！

絶対食べたい

島グルメ

海と山の恵みたっぷりの郷土料理は佐渡の大きな魅力。
なかでも豊かな海に育まれた魚介は
種類も調理法も多種多様。
港に水揚げされたばかりの旬の味覚を楽しんで！

南蛮エビをご賞味あれ

イカ刺しは鮮度が命

イカ丼

1000円

1年中取れるイカのなかでもいちばんおいしいといわれるマイカの刺身。

●大衆割烹中庄→ P.88

海鮮丼

2000円

酢飯の上に新鮮な刺身をたっぷりのせたランチの定番。旬の魚介を堪能できる。

●魚道場長浜荘→ P.83

イカの歯バター

550円

コリコリとした食感がたまらない珍味。バターで軽く炒めると酒のつまみに最高。

●居酒屋ほたる→ P.75

バイ貝煮

600円

甘めのだしで煮たシンプルな料理。弾力のある身はやみつきになるうまさ。

●しらつゆ→ P.74

天ぷら盛り合わせ

1290円

サクサクの衣に包まれた天ぷらで、素材のよさを存分に味わって。

●歌留多→ P.83

握り寿司

900円

日本海に囲まれた佐渡は寿司店激戦区。おすすめの地魚を握ってもらおう。

●寿司 初→ P.88

家庭でも食べます♪

いごねり

450円

海藻のいご草を煮溶かし固めた郷土料理。酢味噌で食べるのが◎。

●まつはま→ P.94

マダイのポワレ

4000円（コースの一品）

肉厚のマダイを、皮をパリッと身はジューシーに焼き上げたフレンチのひと皿。

●清助 Next Door → P.82

カメノテ塩ゆで

1000円 ※季節商品

磯で取れるカメノテは磯の香りとうま味が魅力。塩ゆでのほか、酒蒸しや味噌汁に。

●大衆割烹中庄→ P.88

マダイから取っただしをかけて！

佐渡の名物！
佐渡天然ブリカツ丼に挑戦

絶対うまいっ

佐渡天然ブリカツ丼は、島内4店舗で食べられるご当地グルメ。天然ブリはもちろん、衣、米、たれなどすべてが佐渡産というこだわりよう。特製アゴだし醤油が絶品。

刺身の盛り合わせ

1100円〜

佐渡の旬を味わうなら、やっぱり盛り合わせがおすすめ。料金的にもお得♪

●しらつゆ→ P.74

\歯応えしっかり/

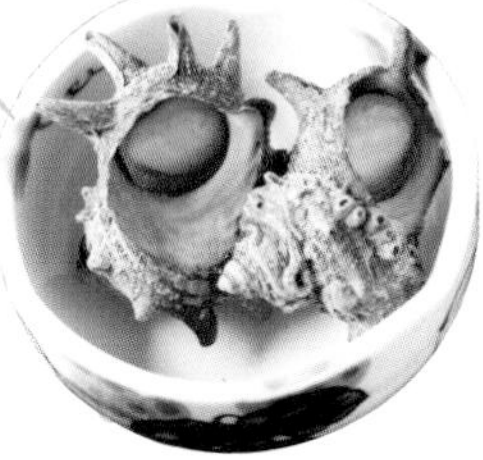

ゆでサザエ

お通し

荒波にもまれる佐渡のサザエは大きな角が特徴。大つぶで引き締まった身がおいしい。

●天國→ P.73

佐渡牛のサーロインステーキ

5060円

海洋性気候のミネラル豊富な芝草を食べて育つ佐渡牛。軟らかくうま味の深い肉は和牛のなかでも評価が高い。

●レストラン&バー こさど→ P.82

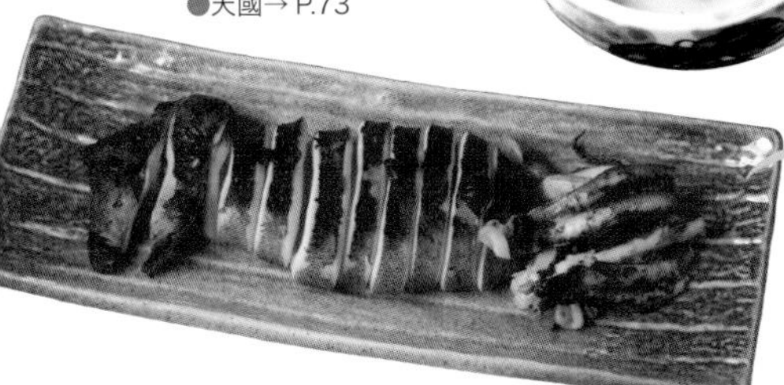

イカの味噌漬け

500円〜

イカは刺身以外に、味噌漬けや麹漬けなどで食べることも。

●酒どころ 㐂よ→ P.89

甘エビ塩焼き

450円

南蛮エビ、ホッコクアカエビとも呼ばれる高級食材。新鮮なものは軟らかく甘い。

●まつはま→ P.94

イカの塩辛&塩麹漬け

2000円（コースの一品）

新鮮なスルメイカを使った塩辛と塩麹漬けは、風味豊かで、辛口の地酒にぴったり。

●割烹 石山→ P.75

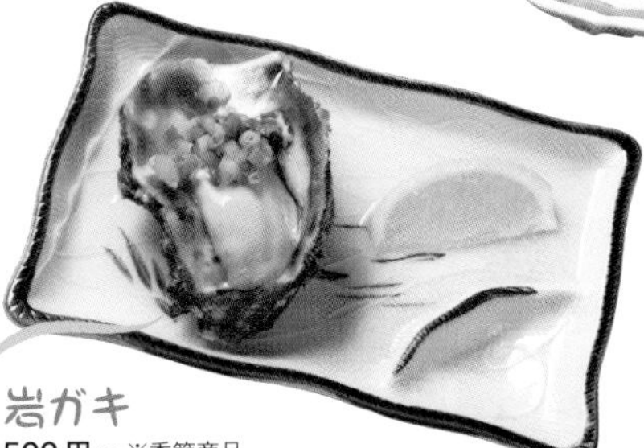

岩ガキ

500円〜 ※季節商品

濃厚な天然岩ガキは6〜8月頃のお楽しみ。冬は加茂湖で養殖している真ガキが食べられる。

●しらつゆ→ P.74

焼き魚／カレイ

600円〜

旬の魚を焼いてくれる店が多いので、おすすめを聞いてみて。

●しらつゆ→ P.74

いちごけずり

550円

季節のフルーツを使ったスイーツも楽しみ。佐渡産の越後姫を凍らせて削った贅沢スイーツを。

●フルーツカフェ さいとう→ P.76

\そば粉が香る/

小木に伝わる手打ちぶっかけそば

かつて北前船で栄えた小木のそばは、だし汁をかけて食べるぶっかけスタイル。著名人にも愛される、創業200年の七右衛門（→ P.93）が有名。

佐渡
島人インタビュー 1
Islanders' Interview

雪解けとともにいっせいに咲き乱れる 花の生命力には毎年驚かされます

左／佐渡随一の人気登山ルート、大佐渡縦走路　右／ドンデン山では気軽なトレッキングで絶景が見られる

佐渡トレッキング協議会　**市橋 弘之**（いちはし ひろゆき）さん

花の島を安全に楽しんでもらいたい

佐渡の山から雪が消えると、あたりは一面、色とりどりの花で埋め尽くされる。それは春の訪れを告げる自然からの贈り物。冷たい雪の中で燃え続けた生命力そのものだ。

「雪解けを待っていたかのように、いっせいに咲き乱れる花の勢いには毎年驚かされます。その力強さには感動さえ覚えますよ」と佐渡トレッキング協議会の市橋弘之さんは言う。

佐渡トレッキング協議会は、トレッキング需要の高まりにともない2011年に発足した団体。それまでそれぞれ活動していた山岳団体や登山道に関わる集落などが集まり、山の情報や安全管理などを一元化。市橋さんは協議会の事務局として、情報の共有や観光客からの問い合わせなどに対応している。

「佐渡には気軽な遊歩道から本格的な縦走路まで多様な登山ルートがありますが、どのルートでも準備を怠らず、安全に楽しんでいただきたいです」と市橋さん。毎年、山岳団体などと一緒に登山道の整備や修復を行い、登山者が安心して山を楽しめるよう気を配っている。「経験の少ない方はガイドと一緒に登ったほうが安全ですし、山を楽しめると思います。協議会に連絡をいただければガイドを紹介しますよ。そういったことも含め、安全な登山の情報を発信していけたらいいですね」

左／日本海側に見られる多年草で、雪解けとともに花を咲かせることからユキワリソウと呼ばれる
右／花期が短く、幻の花ともいわれるサンカヨウ

季節ごとの花が彩る手つかずの自然が魅力

「いちばんは自然が残っていること。そして花が濃いことでしょう」

市橋さんに佐渡の山の魅力について聞くと、こんな答えが返ってきた。実際に佐渡は「花の島」と呼ばれるほど、花の種類も数も多い。

「日本の植生を南北に分けると、佐渡はちょうど境にあたります。そのため南の植物も北の植物も見られるんです。またタヌキより大型の生物がいないので、天敵知らずの花は咲き放題。全国的に希少な花が、佐渡では群生しているなんていうこともあります」と市橋さん。

季節風の影響で、2000m級の山でしか見られないはずの花が、佐渡では1000m前後の場所で見られることも。また花が大きいのも佐渡の特徴なんだとか。

「登山ルートも魅力的ですよ。美しい山々を見ながら歩いていくと、稜線の両側に海が広がる。何度登ってもいいものですね」

タイプ別、おすすめルートをご紹介

佐渡の巡り方

Recommended Routes

佐渡は多彩な見どころが点在する大きな島。
効率的にいろいろ見て回るか、の～んびり過ごすか、
旅スタイルによって異なるベストルートをご提案。

タイプ別
モデルプラン
1

行きたいところを自由に巡る

絶景の島内ドライブ

2泊3日

佐渡を思う存分楽しむなら、自由度の高い自動車がいちばん。海岸線を走れば1周できるので、両津を起点に南部と北部に分けてスケジュールを立てるとよい。

1日目 南回りで情緒あふれる宿根木から相川へ

総距離 50km

1 10:15 宿根木(しゅくねぎ)でお散歩
2 11:25 伝統のたらい舟体験
3 12:20 小木でお刺身ランチ
4 15:15 佐渡金山へ潜入!
5 18:20 夫婦岩のサンセット
6 19:00 ホテルでディナー

たらい舟は今も漁に使います!
ミャー♪

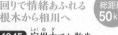

2日目 北回りルートで壮大な自然に触れる

総距離 55km

7 9:15 大佐渡石名天然杉へ
8 12:00 大野亀を散策
9 13:00 ホテルでランチ
10 14:00 二ツ亀海水浴場へ
11 19:00 居酒屋ディナー

野生のトキに会えるかも

身が締まった新鮮魚介は絶品♪

3日目 ゆったり町歩き&おみやげ探し

総距離 43km

12 10:00 相川で町歩き
13 12:00 トキの森公園散歩
14 13:10 地魚の寿司ランチ
15 14:45 港でおみやげ探し

1日目 10:15 車で10分 → 11:25 車で5分 →

1 宿根木をぶらぶら散歩

両津港から、かつて千石船の里として栄えた宿根木集落へ向かう。石畳の小路に絵になる古民家が連なる。→ P.44

三角家は宿根木を代表する木造家屋

2 伝統のたらい舟でどんぶらこ

たらい舟は小木港近くの力屋観光汽船や矢島・経島にある矢島体験交流館などで体験できる。→ P.56

船頭体験を!

意外と安定感があってびっくり

→ 19:00

6 Ryokan浦島のディナーに舌鼓

佐渡随一のスタイリッシュホテル、浦島の夕食は質・量ともにハイレベル。旬の食材を調理してくれる。→ P.85

島の味覚を存分に楽しめるメニュー

2日目 9:15 車で1時間30分 →

7 大佐渡石名天然杉を巡る

大佐渡山地に生える巨大な天然杉を見ながら回れる、約1時間のトレッキングルートにチャレンジ。→ P.41

羽のように枝が伸びる羽衣杉

→ 19:00

11 町の居酒屋で海鮮ディナー

相川にある居酒屋「大衆割烹中庄」では、ひと手間かけた魚介料理や佐渡の郷土料理を味わえる。→ P.88

カメノテなど珍味も食べられる

3日目 10:00 車で50分 →

12 ぶら〜り相川町歩き

江戸時代に佐渡金山のおひざ元として栄えた相川。石垣が連なる通りには寺社や石仏が点在する。→ P.48

旧相川簡易裁判所のれんが壁

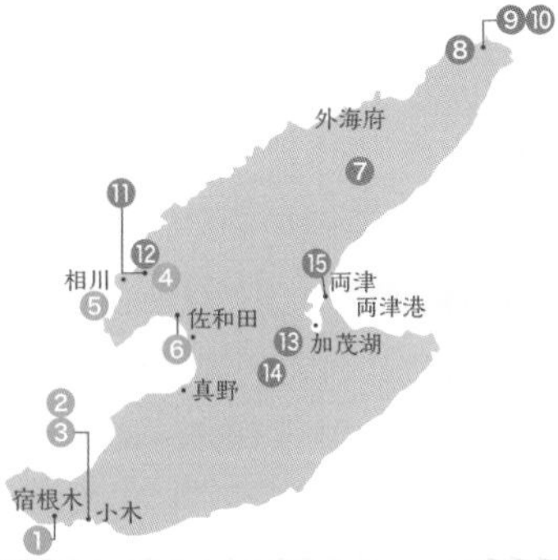

プランニングのコツ

マイカー or レンタカー、どちらが便利？

新潟港までの移動を考えると、マイカーで佐渡へ入ってしまうのも便利。カーフェリーの金額と、レンタカーの日数を比べてみて。

→ 12:20 車で1時間10分 → 15:15 車で15分 → 18:20 車で15分 →

3 小木でお刺身ランチ

鮮魚店が経営する定食屋「魚晴」では、早朝市場で仕入れたばかりの新鮮な魚介を食べさせてくれる。→ P.94

鮮魚店に併設された評判の食事処

4 佐渡金山で冒険気分を満喫！

東西約3000m、南北約600mの広大な鉱山跡。ガイド付きの坑道周遊コースも用意されている。→ P.50

山の頂上が縦に割れた道遊の割戸

5 夫婦岩の激烈サンセット

夕日が美しいことで知られる佐渡の西海岸。七浦海岸の夕景をバックに寄り添うふたつの岩が浮かび上がる。→ P.87

高さ20mを超える巨岩が並ぶ夫婦岩

→ 12:00 車で5分 → 13:00 徒歩5分 → 14:00 車で1時間40分 →

8 壮麗な巨岩、大野亀に感激！

大野亀は、標高167mの巨岩が海に突き出した岸壁。一面を緑に覆われた岩山は散策もできる。→ P.96

初夏には花が咲く美しい景色も

9 二ツ亀のホテルで絶景ランチ

高台から海を一望するSADO二ツ亀ビューホテルのレストラン「サンセット」で海鮮を堪能。→ P.97

窓から二ツ亀が見える！

人気の海鮮ちらし。3～11月の営業

10 美景！二ツ亀海水浴場へ

潮が引くと、沖の島へ続く砂の道が現れる幻想的な海水浴場。海で泳ぐならお盆くらいまでが快適なシーズン。→ P.60

日本の快水浴場100選にも選ばれた

→ 12:00 車で10分 → 13:10 車で16分 → 14:45

13 トキの森公園を散歩☆

飼育されたトキをいつでも観察できる佐渡ならではの施設。資料展示館ではトキの生態や歴史について学べる。→ P.52

餌の時間に行けたらラッキー！

14 うわさの名店で地魚の寿司ランチ

旬のネタを握った寿司はもちろん、定食や丼、ラーメンも揃った「長三郎鮨」。ラーメンと寿司のセットも評判。→ P.75

両津の魚市場で仕入れる新鮮魚介

15 両津港でおみやげ探し

両津港のシータウン商店街は、定番のみやげ物がだいたい揃うので帰る前に寄りたいスポット。→ P.77

自分へのおみやげも！

冷凍食品は宅配サービスの利用が◎

タイプ別
モデルプラン
2

佐渡をとことん楽しむ

全力！ アクティブ派

2泊3日

佐渡には自然を舞台に楽しめる遊びやトレッキングコースがいっぱい。
3日間を最大限に使って島を巡り尽くすアクティブプランをご紹介。

1日目 外海府をゆっくり北上する爽快ドライブ

総距離 79km

1 9:50 絶景の白雲台へ
2 11:15 佐渡金山を探検
3 13:15 地魚の握りを堪能
4 14:20 無名異焼(むみょういやき)を造る
5 15:35 尖閣湾(せんかくわん)クルーズ

2日目 気軽なハイキングでドンデン山を満喫

総距離 77km

6 8:00 二ツ亀海水浴場散策
7 9:10 大野亀でのんびり
8 11:30 山小屋でランチ
9 12:15 ドンデン高原を歩く
10 15:30 トキに会いに行く！
11 19:00 絶品フレンチを満喫

花を見るなら
春がおすすめ！

3日目 小木半島の美しい海で遊ぶ！

総距離 79km

12 9:00 シーカヤック体験
13 12:15 たらい舟に挑戦
14 12:55 小木港で海鮮ランチ
15 13:55 砂金採りに挑戦

1日目 9:50 車で35分 → 11:15 車で10分 →

1 白雲台で絶景を堪能する

大佐渡スカイラインの入口にある交流センター白雲台。展望台からは両津や国中平野を一望できる。→ P.72

食堂やみやげ物店も併設している

2 佐渡金山で佐渡の歴史に触れる

世界遺産の登録を目指す佐渡金山はブレイク寸前。世界が認める貴重な鉱山跡は今が行きどき。→ P.50

ラピュタの世界！

北沢浮遊選鉱場跡の幻想的な景観

2日目 8:00 車で10分 → 9:10 車で1時間20分 →

6 二ツ亀海水浴場をぶらり散歩

沖に連なるのは2匹の亀がうずくまったように見える二ツ亀。潮が引くと砂浜が延び、二ツ亀まで歩いて渡れる。→ P.60

透明度の高い海に囲まれている

7 花咲く大野亀でのんびり

5月下旬から6月上旬にかけて、鮮やかな黄色のトビシマカンゾウに覆われる大野亀。イベントも開催される。→ P.96

遊歩道で標高167mの頂上まで行ける

→ 19:00

おやすみなさ〜い

11 島食材の絶品フレンチを満喫

Ryokan 浦島のレストラン「La Plage」で、佐渡で取れた海と山の幸を使った王道フレンチを味わう。→ P.82

シェフは本場で修業を積んだ本格派

3日目 9:00 車で15分 →

12 小木湾でシーカヤック体験

洞窟やアーチなど、複雑な地形が連なる小木の海岸線でシーカヤックを楽しもう。夏はスノーケリングも！→ P.57

佐渡の自然に包まれるエコ体験

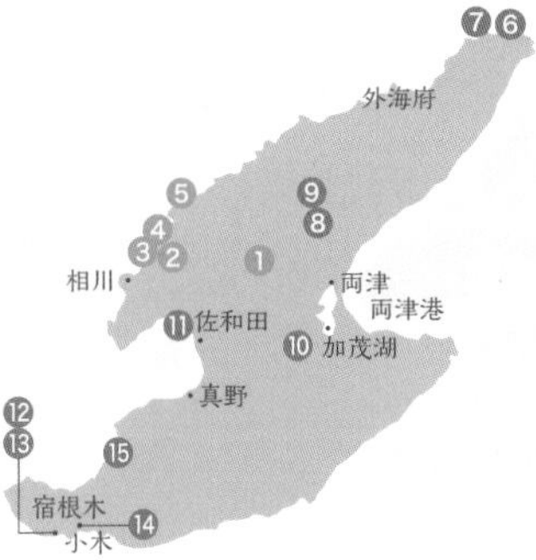

プランニングのコツ

おみやげを買うタイミングは？

海産物が充実した佐渡では、おみやげは最終日に買うのが正解。冷凍食品は宅配を利用しよう。マイカーの場合はクーラーボックスを持参すると便利。

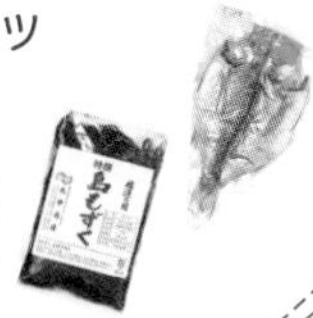

→ 13:15

3 銀寿司で地魚の寿司ランチ

相川の老舗「銀寿司」ではこの道 45 年以上のご主人が、佐渡の地魚を中心に新鮮な魚介を握ってくれる。→ P.88

いちばん人気は地魚のさど寿司

車で 5 分 → 14:20

4 伝統の陶器、無名異焼体験

相川技能伝承展示館で佐渡伝統の無名異焼体験にチャレンジ。赤土を使った独特の色味が特徴的。→ P.58

制作に 1 時間、焼き上がりに 1 ヵ月

車で 15 分 → 15:35

5 尖閣湾でクルージング♪

断崖絶壁の間をぬうように進む尖閣湾海中透視船。船底の窓から佐渡の海中世界を観察！→ P.56

冒険気分が盛り上がる

デッキから見上げる絶壁は大迫力

→ 11:30

8 ドンデン高原ロッジで腹ごしらえ

ドンデン山登山の拠点となる「ドンデン高原ロッジ」。食事も出しているので、出発前に立ち寄りたい。→ P.78

登山届を忘れずに

食堂にはカレーや定食などが揃う

徒歩 5 分 → 12:15

9 絶景のドンデン高原をハイキング

高低差の少ないドンデン高原の 1 周ルートは、登山初心者や子供でも楽しめるのでおすすめ！→ P.40

色とりどりの花や昆虫が見られる

車で 45 分 → 15:30

10 かわいいトキに会いに行く！

トキの森公園では、ケージや窓ガラスを通してだが目の前でトキが見られる。その距離なんと 2cm！→ P.52

300 羽以上が放鳥されている

車で 30 分 →

→ 12:15

13 伝統のたらい舟に挑戦

朱の橋が青い空に映える矢島・経島でたらい舟に乗れる矢島体験交流館。船頭にも挑戦してみて。→ P.56

意外に安定感があってひと安心

車で 10 分 → 12:55

14 小木港で海鮮ランチを堪能

小木港に隣接する「小木家 レストラン」で海鮮料理を！ いちばん人気はボリューミーな南蛮エビ丼。→ P.93

併設のおみやげ市場もチェック

車で 20 分 → 13:55

15 一攫千金!? 砂金採り

佐渡西三川ゴールドパークでは砂金採りを体験できる。採れた砂金はキーホルダーにしておみやげに。→ P.81

室内の水槽の砂から金を探そう

タイプ別
モデルプラン
3

ゆる〜い時間のなか、しなしな遊ぶ

のんびり島旅

2泊3日

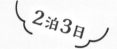

「しなしな」とは佐渡の方言で、ゆっくりとかのんびりといった意味。
時間に縛られずに気のおもむくままに歩く、島らしい旅をゆるゆる楽しみましょ♪

1日目 ゆっくり佐渡入りして宿根木でしなしな

総距離 51km

- 1 13:35 真野でステーキランチ
- 2 15:15 矢島・経島（やじま・きょうじま）のたらい舟
- 3 16:35 神秘の岩屋洞窟へ
- 4 18:30 沢崎鼻灯台の夕日
- 5 19:30 宿自慢のディナーを

かわいい佐渡牛乳〜

ゆったり、たらい舟クルーズ

2日目 日本海を一望する棚田に癒やされて

総距離 64km

- 6 9:35 佐渡国小木民俗博物館へ
- 7 10:10 宿根木の集落を散歩
- 8 11:00 古民家カフェで休憩
- 9 13:00 岩首の棚田散策
- 10 15:30 北雪酒造を見学
- 11 18:00 居酒屋ディナー

宿根木集落の古民家カフェ♪

海鮮丼を食べ比べ

3日目 最終日は欲張らず余裕をもったスケジュール

総距離 47km

- 12 7:00 ほっこり落ち着く朝食
- 13 10:35 のろま人形の絵付け
- 14 12:45 絶景カフェランチ
- 15 14:00 海産みやげ探し

1日目

13:35 車で40分 → 15:15 車で10分 →

1 真野の名店でステーキランチ

ジューシーな佐渡牛ステーキをはじめ、食欲をそそる洋食が揃う「レストラン&バー こさど」でランチタイム。→ P.82

ちょっと奮発して絶品ステーキを

2 矢島・経島の景観を楽しむたらい舟

透明度抜群の矢島・経島でたらい舟に乗れる矢島体験交流館。鮮やかな朱の橋が印象的。→ P.56

小回りが利くので便利！

源頼政のヌエ退治の伝説が残る

2日目

9:35 車で3分 → 10:10 集落内 →

6 佐渡国小木民俗博物館で歴史の勉強

佐渡国小木民俗博物館には佐渡に伝わる古い漁撈用具や船大工用具などが展示されている。→ P.45

千石船展示館も併設している

7 宿根木の集落をぶらぶら散歩

板張りの家屋が連なる宿根木集落は、江戸時代の面影を残す風情ある町並みが魅力的。→ P.44

記念撮影を忘れずに〜♪

苔むした石畳が続く世捨小路

→ 18:00

11 地元客と一緒に居酒屋ディナー

小木集落にある「まつはま」は、刺身や郷土料理も食べられる居酒屋。地元客も多い。→ P.94

新潟の郷土料理もあるよ

佐渡自慢の地酒が揃っている

3日目

7:00 車で35分 →

12 ほっこり落ち着く宿の朝食

艶やかな佐渡産コシヒカリのご飯がうれしい「音楽と陶芸の宿 花の木」の朝食。手作りの総菜もおいしい。→ P.95

地の食材満載の小鉢も充実

プランニングのコツ

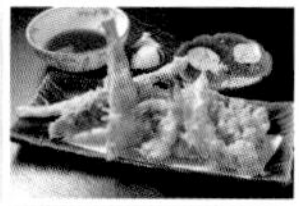

夕食は宿で？それとも外で？

料理自慢の宿が多いので、食事付きプランがおすすめ。とはいえ地元客も訪れる居酒屋や寿司店も魅力的なので、１日くらいは外へ！

→ 16:35　車で 15 分 → 18:30　車で 15 分 → 19:30

3 神秘的な空気が漂う岩屋洞窟

海抜 100m の海食洞窟に、平安時代の作といわれる摩崖仏が並ぶ知る人ぞ知るパワースポット。→ P.93

近くには高さ 17.5m の幸福地蔵も

4 夕日を眺めに沢崎鼻灯台へ

佐渡最西端の沢崎鼻灯台は夕日の好スポットとして知られる。特に深浦大橋からの眺めがよい。→ P.93

枕状溶岩でできた磯が広がる

5 海&山の幸たっぷりの夕食を堪能

「音楽と陶芸の宿 花の木」で、旬の食材を使った料理を味わう。佐渡の日本酒も揃っている。→ P.95

四季おりおりの味覚を堪能して

→ 11:00　車で 1 時間 → 13:00　車で 30 分 → 15:30　車で 35 分 →

8 古民家カフェでまったり過ごす

宿根木集落にある和カフェ「茶房やました」でひと休み。上品な甘さの手作りぜんざいが人気。→ P.45

船主の古い家をシックに改装

9 美しい岩首の棚田を散策する

南東部の山間に連なる岩首の棚田は、天空へ続くような形状から昇竜棚田と呼ばれている。→ P.53

季節ごとに異なる表情を見せる

10 佐渡を代表する酒造所の酒蔵見学

海外の有名店でも採用されている北雪酒造の日本酒。樽やタンクが並ぶ酒蔵を見学する。→ P.63

超音波を使って日本酒を熟成させる

→ 10:35　車で 10 分 → 12:45　車で 20 分 → 14:00

13 のろま人形の絵付けを体験

さまざまな体験メニューが揃う潮津の里で、伝統の人形芝居、のろま人形の顔を描く。自分のおみやげに！→ P.59

のろま人形のミニチュア版を使用

14 絶景カフェでゆったりランチ

こだわりの自家製パンが評判の絶景ベーカリー&カフェ「SHIMAFŪMI」へ。テーブルは店内とテラスに。→ P.82

晴れた日はテラスがおすすめ！

15 丸中商店で最後のおみやげ探し

厳選した海産物を加工・販売する丸中商店でおみやげ探し。宅配もしてくれる。→ P.84

試食もできるので納得のお買い物

佐渡 島人インタビュー 2
Islanders' Interview

草花の造形美や海の色彩美に、世界の美術家たちが注目しています

新潟国際藝術学院　理事長・学院長　**東富有**（あずま ふゆう）さん

上／切り立つ断崖と真っ青な海が強烈に印象に残ったという尖閣湾　下／朱色の橋が美しい矢島・経島

国際水彩画大会で佐渡の自然をモチーフに

四季に彩りを添える草花に、天候や時間によって表情を変える空と海。そんな豊かで色濃い佐渡の風景に魅了されたのが、中国出身の水彩画家、東富有さん。

「20年以上前に新潟大学に留学する機会があり、初めて佐渡を訪れました。大佐渡の山脈や断崖が続く尖閣湾など、とにかく自然のすばらしさが強烈に印象に残りました」と東さん。その後、写生のために年に1～2度のペースで通い続け、2009年に新潟市に新潟国際藝術学院を設立。2011年に佐渡市吾潟（あがた）に佐渡研究院を開院した。

「何度も通っているうちに、神社やお寺、そして古い町並みにも興味をもつようになりました。山や海に抱かれた環境のなかで、人々の営みや文化がしっかりと息づいている、そうした自然と文化の共生が、佐渡の大きな魅力だと思います。ずっと過ごしていても、描きたいテーマは増えていくばかりです」

現在は毎年「国際水彩画大会」を開催し、新潟県に国内外の画家を招聘するとともに、自ら描いた佐渡の風景を世界に紹介している。

佐渡各所の風景を水彩画に描き、世界に紹介する東さん。道遊の割戸をモチーフに

佐渡の静かな風景にいつも心を癒やされる

精力的に、佐渡のあちこちで絵筆を握っている東さん。撮った写真とはまた違った、風景との対話が生まれるのだとか。

「描いているときは、自分を忘れてとてもリラックスできます。歴史や伝承を知ったうえで土地や建物と向き合っていると、まるで自分がその時代にタイムスリップして同じ時間を共有しているような、不思議な気持ちになります」と東さん。制作のなかで地元の人々とのコミュニケーションも生まれるようで、「通り過ぎる人や近くの人が気軽に声をかけてくれて、昔話をしてくれる人もいます。佐渡の人はみんな親切で教養があり、話がとてもおもしろいです」と笑顔を見せる。

「佐渡は広大で見どころも豊富なので、ついつい駆け足の観光になってしまいますが、気に入った景色を見つけたら、静かにじっくり絵を描いてみるのもいいですよ。気さくな地元の人との会話もぜひ楽しんでください。佐渡の風景と人々に癒やされて、失恋のショックが吹き飛んだ、なんて女性もいましたよ（笑）」

さて、島にきて何をしましょうか？

佐渡の遊び方

How to Enjoy

佐渡の楽しみ方はバリエーションも豊富。
自然を堪能するトレッキングから、貴重な遺産巡り、
カルチャー体験まで、好奇心のおもむくままに島を満喫！

悠久の時を見守る
金剛杉が待つ森へ

原生林と杉巨木群トレッキング
～外海府ルート～

大佐渡山地の北峰には樹齢 100 年以上の天然杉が繁茂する原生林が広がる。
風雪に耐えて命をつなぐ古木群のなかに、金剛力士像や鬼を思わす巨樹が！

佐渡エコツアーガイド協会
川口正夫さん

物言わぬ古杉が伝える 時の儚さと命の尊さ

荒波に削られた断崖絶壁が続く外海府海岸。背後には起伏に富んだ大佐渡山地の山稜が迫り、その大部分に古から時を刻み続ける原始の森が広がっている。

樹齢 100 年以上の天然杉が林立するのは、島の北端にほど近い関集落の周辺。2008 年の北海道洞爺湖サミットで首脳らの食卓に巨大パネルとして飾られた金剛杉をはじめ、鬼杉や大王杉など威風堂々たる千両役者が揃い踏み。大地に根を張る重量感のある幹や、天をつかむように芸術的に伸びる枝は、眺めているだけで大自然の生命力が全身へと伝わり、体の底からみなぎってくるよう。

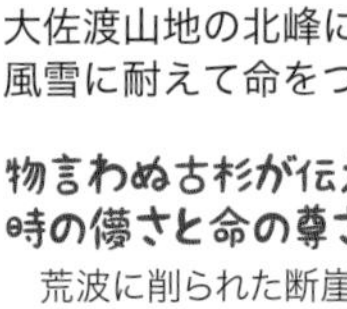
夏から秋にかけて花を咲かせるトリカブト。多くの花が見られるのは５月中旬～６月中旬頃

コース周辺は新潟大学の演習林として管理されており、山道の大部分には砂利が敷かれ仮設トイレも用意されている。ガイドが紹介してくれる木々や山野草を観賞しながらゆっくり進もう。晴れた日に森林浴を楽しみながら歩くのもいいが、雨や霧にしっとりと包まれた森も幻想的だ。

MAP 折り込み④ B2（外海府活性化センター集合）
交 両津港から外海府活性化センターまで車で約１時間 15 分　時 8:30 ～ 16:30
休 11 月中旬～５月中旬　料 8000 円（最少催行人数３人。最大 15 人）
問 佐渡観光交流機構☎(0259)27-5000　予約 ３日前までに必要

もっと知りたい！

初級者向けの 千手杉ルートにも注目

原生林と杉巨木群トレッキングは外海府ルート以外にも、両津側から所要約９時間 30 分（歩行約７時間 30 分）の内海府ルートや、所要約６時間 30 分（歩行約４時間）の千手杉ルートも開催されている。問い合わせや申し込みは佐渡観光交流機構へ。

千手観音の救いの手のように枝を広げる千手杉。その神々しい姿に、手を合わせる登山客も

voice＜ 外海府ルートと内海府ルートは中～上級者向けなので、トレッキングシューズやレインウエアなどの装備が必須。詳細は問い合わせを。千手杉ルートはスニーカーなどの軽装で参加することができ、健康であれば子供や年配者も楽しめる。

スケジュール

所要時間	歩行距離	体力レベル
約8時間	約10km	🚶🚶🚶

08:30 集合場所から車で登山口へ移動

外海府活性化センターに集合後、ブリーフィングを受け、トレッキングのスタート地点へ車で移動。昼食や飲み物は各自で用意する。

見上げた姿も雄々しい！

外海府の海岸道路、県道45号沿いに立つ外海府活性化センター

車で30分

原生林は、多様な植物が自生し外来種の少ない希少なエリア

09:30 奇跡の森でドキドキのトレッキング

ガイドの案内に従ってトレッキングスタート。自然を傷めないためにも、むやみに林へ踏み込まないこと。歩行時間は合計で約6時間、標高差は700mほど。

徒歩1時間30分

11:00 いきなりハイライトの金剛杉が登場！

外海府ルートの最大の見どころである金剛杉は、コースの中間地点に鎮座する。推定樹齢500年以上、幹周り約9m、樹高約18mの勇姿は圧倒的な存在感。近くには仮設トイレがある。

枝を張る巨大杉は、両手を広げて見栄を切る金剛力士像のよう

徒歩15分

11:30 谷から吹き上げる風が心地よい♪

金剛杉は、奇木が連なる不思議の森の門番のような存在。奥へ15分ほど進むと、ツルアジサイが巻きついた仁王杉が立つ。こちらも樹齢は500年以上とされる。

ずっしりとしたたたずまいは、まさに仁王立ちの貫禄

近くに立つ勇壮な鬼杉

徒歩30分

12:45 仲よく手をつなぐ姿が愛らしい⁉

昼食は正午頃に大王杉への分岐点あたりで取るのがおすすめ。体力に余裕があるなら、さらに奥にある連結杉へ。4本の杉が手を取り合うような姿でつながっている。

<イメージ図>

標高約24mの大王杉

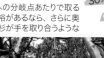

雨にぬれてやわらかな光沢を放つ連結杉の樹皮。静寂の時間が流れる

徒歩30分

13:30 王様の小径で大自然のアートを堪能しよう

およそ1時間で巡る王様の小径には、大王杉やタコ杉など風格ある古杉が点在する。冬に積もる雪の重みの影響で、下を向いたり曲がったり、真っすぐ上へ伸びない枝が芸術的。

幹に穴があいたタコ杉

小径の途中には、横方向に伸びてトンネル状になった枝も

レベル🚶…… 初心者から参加OK　レベル🚶🚶…… 普段からよく歩く人向き　レベル🚶🚶🚶…… 登山経験のある健脚者限定

眼下に海を眺めながらの爽快な尾根歩き

大佐渡山地縦走コース

佐渡トレッキング協議会
事務局 市橋弘之さん

ドンデン山から佐渡の最高峰、金北山までを縦走する爽快ルート。
稜線の両側に海が見える絶景と、可憐な花々に心が安らぐ。

ダイナミックな稜線から開放的な景観を楽しめる

標高 890m のドンデン山荘（以下、愛称のドンデン高原ロッジ）から、最高峰となる 1172m の金北山を目指す。最初に急斜面を登ってしまえば、おもに眺めのよい稜線を歩くことになるため、爽快なトレッキングになる。峰の両側に海が広がるというのは、島ならではの景観だ。

低木が続いたり、小石が堆石したザレ場や芝草原になったり、環境は変化に富んでいる

花の島と呼ばれるほど、見られる花の種類や量が多いのも魅力。北の植物も南の植物も見られるうえに、シカなどの天敵がいないため、春はトレッキングコースの両側が花々で埋め尽くされた、メルヘンチックなシーンが広がる。標高は 1000m ほどなので本土の山より雪解けが早く、そのぶん開花も早め。登山口から雪が残る山頂までに、異なる花々が段階的に密集し花好きにはたまらない。

気持ちのいいコースではあるが、天候の変わりやすい尾根を 7 時間ほど歩く。事前の情報収集や装備などしっかり準備をして挑みたい。

もっと知りたい！

安心のための登山届

万一のアクシデントに備えて、入山前に登山届を提出しよう。登山届は佐渡トレッキング協議会の HP（下記）にある。佐渡トレッキング協議会にファクスかメール（下記）で送るか、現地で投函箱に入れる。

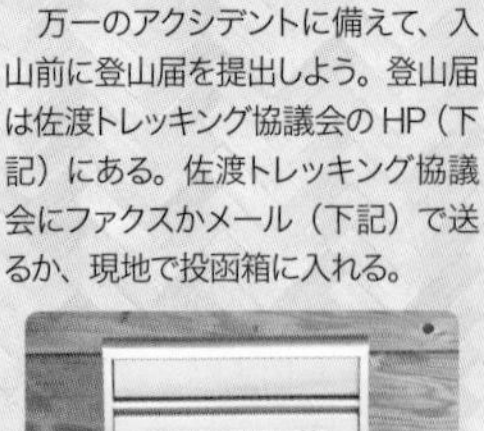

金北山山頂から白雲台までの防衛省管理道路も登山届の提出を

MAP 折り込み④ B2
交 両津港からドンデン高原ロッジまで車で約 40 分（小型タクシーで 4600 円ほど）、白雲台から両津港まで車で約 60 分（小型タクシーで 6040 円ほど）。春季のみライナーバスの運行あり 料 ガイド1人で2万円（10 人まで） 問 佐渡トレッキング協議会 ☎(0259)23-4472 FAX (0259) 23-4478 MAIL info@sado-trekking.com 駐車場 あり URL www.sado-trekking.com ※登山届の投函箱は、ドンデン高原ロッジのほか佐渡観光交流機構両津港案内所やアオネバ登山口、交流センター白雲台、和木登山口に用意されている

voice 本土では 2000m 級の山に咲く花が、佐渡では1000m 前後の所で見られる。これは日本海から吹きつける強い風の影響なのだそう。稜線を歩くと季節風が当たる片側は低木が多く、樹木の生えないザレ場になっていることがわかる。

スケジュール

所要時間	歩行距離	レベル
約8時間	約13.6km	★★★

07:30 ドンデン高原ロッジから縦走路入口まで下る

ドンデン高原ロッジを出て車道を1.2kmほど下ると、左側に縦走路の入口が見えてくる。車道脇に季節の花々が咲き、彩り豊か。穏やかな林道を歩いて、縦走トレッキングスタート！

ドンデン高原ロッジでは花やルートなどの山の情報をもらえる

徒歩40分

08:45 アオネバ十字路からは2.2kmの急な上り坂

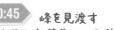

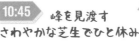

峰までは木々が茂る山林。上りは暑いので上着の着脱で調節を

アオネバ登山道との分岐から本格的な登山が始まる。一気に峰まで上るので、かなり急な斜面が続くことになる。ここがルートの中で一番の急坂になるので、ゆっくり上っていこう。

徒歩2時間

10:45 峰を見渡すさわやかな芝生でひと休み

斜面を上りきると、標高937mのマトネに芝原が広がる。もう少し下った真砂の峰やイモリのコルあたりが昼食ポイント。金北山を望む絶景がすばらしい。

上りの疲れが吹き飛ぶパノラマビューが目の前に広がる

徒歩2時間30分

13:15 森林に囲まれた美しく静かな池に感激

樹林やザレ場、芝原など変化に富んだ稜線を歩き、縦走路らしさを味わいたい。アップダウンを繰り返し、幻想的なアヤメ池に到着！　ここから先が最後の上りになる。

徒歩30分

13:45 金北山神社で登頂の記念撮影！

縦走ルートのゴールは金北山の頂上。階段を上ると、頂上には金北山神社がたたずんでいる。眼下には両津湾と加茂湖に挟まれた両津市街が。

「金北山」のプレートとともに記念撮影を。

細長い両津の中心地を一望。眺めのよさにしばし会話を忘れる

徒歩1時間30分

14:15 白雲台でご褒美のアイスクリーム♪

金北山で登山は終わり。あとは砂利が敷かれた防衛省の管理道路を3kmほど下って、標高840mの白雲台へ向かう。交流センター白雲台では、食事や飲み物も販売している。

白雲台の名物、生乳アイスクリーム250円。生乳ソフト350円も大人気

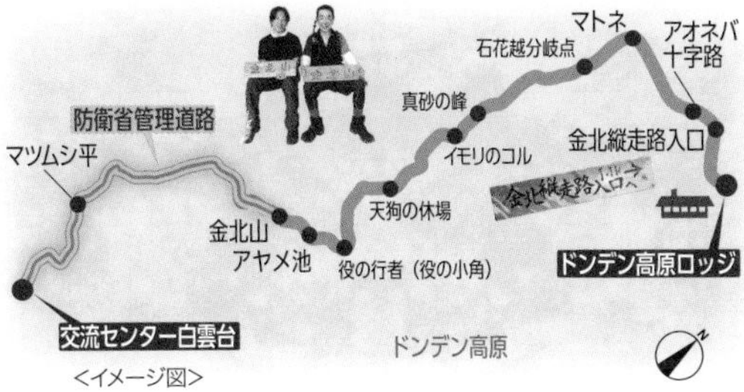

<イメージ図>

voice　7時間というトレッキングなので、水は2ℓ以上用意しておきたい。また地図、雨具、登山靴（スニーカーはNG）、スパッツ、携帯電話、ヘッドランプ、ライター、ノコギリ付きの万能ナイフ、冬手袋、簡易テント、携帯カイロなどがあるとよい。

佐渡の美景に触れる
お手軽ハイキング

ドンデン高原 1周ウオーク

花咲くドンデン高原をゆっくり巡る入門コース。
標高差は100mほどなので子供から大人まで楽しめる。

ファミリーで一緒に多彩な草花を観察！

ドンデン高原ロッジを起点に高原を巡る周回ルート。起伏が少なくビギナーでも安心して楽しめるが、生命感あふれる林道や静かな池、眺めのよい丘など見どころは盛りだくさん。特に雪解けから初夏にかけては、遊歩道を覆うように色とりどりの花が咲く華やかな雰囲気。また尻立山の山頂からは新緑に染まった山々を一望でき、佐渡の豊かな自然を肌で感じられる。

上／初夏は林道の両脇に咲くエゾアジサイが美しい
左／避難小屋へ向かう緩やかな斜面も花でいっぱい

もっと知りたい！

春の使者、ユキワリソウ

佐渡の山に春の訪れを告げるのがユキワリソウやフクジュソウ、カタクリといった花々。雪が解ける4月下旬から、可憐な表情で観光客を楽しませる。

色彩豊かなユキワリソウ

MAP 折り込み④ B2
交 両津港からドンデン高原ロッジまで車で約40分。春季のみライナーバスあり　駐車場 あり
※登山の経験がない場合はガイドをお願いすることも可能。ガイド1人で1万円（10人まで）。また万一のために登山届を提出しておこう
問 佐渡トレッキング協議会→ P.38

スケジュール

所要時間	歩行距離	体力レベル
約**2.5**時間	約**3.8**km	🚶🚶🚶

09:30 作業道入口まで1.5kmほど車道を下る

徒歩1時間

ドンデン高原ロッジを出て車道を歩くこと約10分。金北縦走路入口を過ぎて、県道を下った右側の砂利道が入口。斜面を登っていくと林道に入る。

林道の入口はわかりにくい

10:30 山小屋でひと休みし周囲の山を一望！

徒歩20分

高台に立つ避難小屋は、無料で開放されている。小屋の前は可憐な花が咲く草原になっていて、目の前には自然に恵まれた佐渡の山々が広がる。

小屋の周りは休憩に最適

10:50 真っ青な空を映す美しきドンデン池

徒歩20分

芝原の遊歩道を進むとドンデン池という小さな池が見えてくる。周辺には季節ごとに花が咲き乱れ、ミズバショウなど湿地帯に咲く花も見られる。

モリアオガエルの産卵地

11:10 急な上り坂が続くザレ場を攻略

徒歩30分

このコースで最も急なのが、ドンデン池から登るタダラ峰と呼ばれる砂利の斜面。浮石があるので、滑らないように足元を確かめながら歩こう。

急坂だがそれほど長くない

11:40 絶景の尻立山から穏やかな遊歩道へ

タダラ峰を登りきると、ドンデン高原でいちばん高い標高940mの尻立山に到着。うねうねと連なる山々を眺めながら、遊歩道を通って帰路へ。

帰りの遊歩道も花の宝庫！

voice＜ ドンデン高原ロッジから尻立山への遊歩道を通ってドンデン高原へ向かうこともできる。その場合は、同じルートを戻ることになるが、ドンデン高原だけでよいのなら、そのほうが楽で時間も早い。

個性際立つ
巨樹たちの競演

大佐渡 石名天然杉ウオーク

標高約 900m、大佐渡山地の主稜線近くに茂る山林。厳しい環境のなかで生き抜いてきた巨樹が出迎える。

駐車場から遊歩道入口まで、500m ほどの道を上る

自由に枝を伸ばした アートな杉を見に行く

およそ 1 時間で回れる遊歩道は、幹や枝を変幻自在に伸ばした奇妙な杉に覆われている。特に独創的な形の 5 本の杉には、公募により名前がつけられている。もちろん、ほかにも雪の重みと強い季節風によって美しい姿に進化した杉はたくさんある。それらに合った名前をつけながら遊歩道を散策するのも楽しい。

高低差は 100mくらい！

出口付近には展望台が。標高 930m から大野亀も望める

もっと知りたい！

荘厳な杉は落ちこぼれ？

県が山林を買い取った際、天然杉を伐採して支払いに充てた。資源になるのは、真っすぐに伸びた良木。つまり、現在観光客に喜ばれている杉は、建材としての価値がなかったということになる…。

単体では遊歩道内の杉のなかで最も太い大黒杉

MAP 折り込み④ B2　交 両津港から車で約 50 分　料 無料　駐車場 あり
※遊歩道の一般開放は雪解け後から 11 月下旬頃まで。雨の日は滑りやすいので注意。水分補給を忘れずに

スケジュール

所要時間	歩行距離	体力レベル
約1時間	約1.5km	

09:15 大きく曲がった枝は象牙のよう！

山道入口から約 15 分歩くと見えてくる象牙杉は、6 本の杉が変形して合わさっており、大きく湾曲した枝が特徴。道は平坦だが滑りやすいので注意。

幹の周囲 9.6m、高さ 18m

徒歩5分

09:30 どの木が最強!?　四天王杉ここに参上

4 本の杉が合体し同じ根から伸びている四天王杉。根本近くの大きなコブのような幹がダイナミック。斜面に生えているので、下から見ることになる。

幹の周囲 12.6m、高さ 21m

徒歩8分

09:48 天高くそびえる直立不動の大黒杉

変形した杉が多い石名地区で、珍しく真っすぐに伸びた大黒杉。少し離れると、形のよい枝ぶりもよくわかる。遊歩道の真ん中あたりに立つ。

幹の周囲 3.5m、高さ 19m

徒歩15分

10:13 家族の大切さをしみじみと実感

5 本の木が合体し、寄り添っているように見える家族杉。枝を伸ばして支え合っているようにも見え、別々の木なのだが、まるで 1 本の木のよう。

幹の周囲 6.3m、高さ 16m

徒歩2分

10:25 どこから見ても優美な姿にうっとり

柔らかに婉曲した枝のフォルムが美しい羽衣杉。根本から出た枝が地を這い、着地して新しい杉を生み出す伏条更新という現象の過程が見られる。

幹の周囲 6.2m、高さ 18m

voice＜ 巨大な杉は人物と一緒に撮るのがポイント。四天王杉は遊歩道から杉を見上げるような写真を撮りやすい。四方八方に枝を伸ばした羽衣杉も、遊歩道に立つと記念撮影にはぴったり。また遊歩道出口にある展望台は、背景に森と海が広がる写真が撮れる。

佐渡の山野草をチェック

花図鑑

寒帯と温帯の植物が両方とも自生する佐渡。ハイキングでは高山植物も！

春 Spring

フクジュソウ 福寿草

キンポウゲ科　フクジュソウ属

花期：2～4月

鮮やかな黄色の花弁が印象的。佐渡のいたるところに自生し、雨が降っても花が閉じることはない。

キクザキイチゲ 菊咲一華

キンポウゲ科　イチリンソウ属

花期：3～5月

紫色の花弁に見えるのは萼。ドンデン山のハイキングコースなどに群生し、春になるといっせいに開花する。

オオミスミソウ（ユキワリソウ）　大三角草（雪割草）

キンポウゲ科　ミスミソウ属　花期：3～5月

日本海を代表する山野草。何種かを総称してユキワリソウと呼んでいる。ピンク、紫、青、白などカラーバリエーションが充実しており、早春の花として親しまれている。島内各所で観察でき、特にドンデン山で見られる群生は見事。

カタクリ 片栗

ユリ科　カタクリ属

花期：3～5月

うつむいた姿と、反り返った花弁がかわいらしい。ドンデン山には日本一といわれるほどの群生地がある。

アマナ 甘菜

ユリ科　アマナ属

花期：4～5月

白い花弁と、裏に入った赤紫色の筋が特徴。大佐渡スカイラインの周辺などで群生を観察できる。

ショウジョウバカマ 猩々袴

ユリ科　ショウジョウバカマ属

花期：4～5月

雪解けとともに開花する花で、名前の猩々は中国の伝説上の生物。湿った草地に咲く淡い紅色が可憐。

スミレサイシン 菫細辛

スミレ科　スミレ属

花期：4～5月

雪国のスミレとして親しまれる。2～3㎝ほどの紫色の花がかわいらしく、林の中などに密集して咲いている。

オオイワカガミ 大岩鏡

イワウメ科　イワカガミ属

花期：5～6月

佐渡の山々に広く分布。ツヤツヤと光沢のある葉が和名の由来で、佐渡ではムジナノザブトンと呼ばれることも。

エゾエンゴサク 蝦夷延胡索

ケシ科　キケマン属

花期：5～6月

青みがかった紫色の花が特徴。蝦夷の名前のとおり北海道を中心に、北日本の日本海側に分布する。

シラネアオイ 白根葵

シラネアオイ科　シラネアオイ属

花期：5～6月

北海道から中部地方にかけて分布する日本の固有種。淡い紫の花弁が美しく、山野草の女王と呼ばれる。

ニリンソウ 二輪草

キンポウゲ科　イチリンソウ属

花期：5～6月

林の中に自生する。ヨメナカセとも呼ばれ、女性に春の訪れと、山入りの作業が始まることを告げる花。

サンカヨウ 山荷葉

メギ科　サンカヨウ属

花期：5～6月

高地の沢沿いなどに咲く深山の名花。花の命が短く、なかなか見頃に観察できないため幻の花と呼ばれる。

フデリンドウ 筆竜胆

リンドウ科　リンドウ属

花期：5～6月

林や草地に咲く小型のリンドウ。夜になると花を閉じる姿が、筆のように見えることからこの名前がついた。

夏
Summer

トビシマカンゾウ
飛島萱草

ユリ科　ワスレグサ属
花期：5～6月

山形県の飛島と佐渡だけに分布。海の近くの断崖に咲き、大野亀に50万株が咲き誇る日本一の群生地がある。

ハマナス
浜梨

バラ科　バラ属
花期：5～8月

開花後の赤い実に酸味があることから、梨が訛ってナスとなった。大野亀を中心に全域の海岸線に分布。

エゾアジサイ
蝦夷紫陽花

ユキノシタ科　アジサイ属
花期：6～7月

北海道や北日本の日本海側に自生。太平洋側のヤマアジサイに比べて花が大きい。青色系と赤色系がある。

キリンソウ
麒麟草

ベンケイソウ科　マンネングサ属
花期：6～7月

風や乾燥に強く、海辺の断崖や山の岩場などに広く分布。ドンデン山などに群生地がある。

イブキジャコウソウ
伊吹麝香草

シソ科　イブキジャコウソウ属
花期：6～7月

香りが強いことからジャコウの名がつけられた。ドンデン山の奥地、海抜1000m前後に自生する。

ヒマワリ
向日葵

キク科　ヒマワリ属
花期：6～8月

大野亀や尖閣湾周辺の海岸線にヒマワリ畑が。海や空をバックに鮮やかな黄色の花が映える。

ミヤマトウキ
深山当帰

セリ科　シシウド属
花期：6～8月

北海道から本州中部に分布する日本の固有種。ドンデン山などの海抜1000m前後に自生。

ホタルブクロ
蛍袋

キキョウ科　ホタルブクロ属
花期：6～8月

山間部から集落周辺まで広く分布。ホタルを入れると提灯のように光が透けることから名前がついたとされる。

エゾカワラナデシコ
蝦夷河原撫子

ナデシコ科　ナデシコ属
花期：6～9月

先端が裂けた可憐な花弁が印象的な山野草。ドンデン山周辺や海岸線付近の草地に自生する。

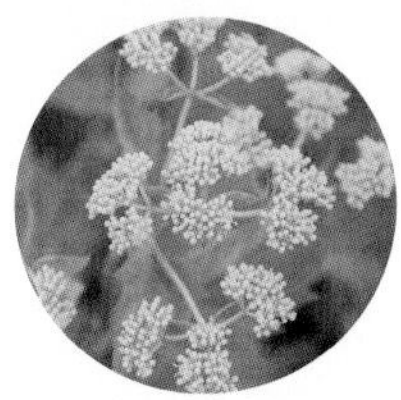

マルバキンレイカ
丸葉金鈴花

オミナエシ科　オミナエシ属
花期：7～8月

茎の先に小さな花が房状に咲く。新潟県より北に分布する寒冷植物で、山の斜面や岩場に自生。

クガイソウ
九蓋草

ゴマノハグサ科　クガイソウ属
花期：7～8月

薄い紫色の花が穂のように咲く。日当たりのいい草地や林の縁など、各所で観察できる。

クルマユリ
車百合

ユリ科　ユリ属
花期：7～8月

ドンデン山の草地に自生するほか、集落でも栽培されている。名前の由来は葉が車輪状に広がることから。

ゲンノショウコ
現の証拠

フウロソウ科　フウロソウ属
花期：7～9月

鮮やかな小さな花が特徴。白、赤、紫などがある。名前の由来は薬草としてすぐに効き目が出ることから。

ヤマハハコ
山母子

キク科　ヤマハハコ属
花期：8～9月

針のような葉をもった枝の先に、たくさんの小さな花が咲く。北海道から本州中部に分布。

サドアザミ
佐渡薊

キク科　アザミ属
花期：8～9月

日本固有種のナンブアザミの変種で、佐渡のみに分布。ドンデン山などの林に自生する。花の色は赤や紫。

どこか懐かしい
板張りの民家

回船業で栄えた江戸時代の町並み

宿根木　千石船の里巡り

石畳の小路に沿って、板張りの家屋が肩を寄せ合うように続く宿根木。江戸時代の面影を残す町は、そこだけ時が止まったような不思議な空間……。

やわらかな光が注ぐ世捨小路の石畳

中世から回船の寄港地として繁栄し「佐渡の富の三分の一を集めた」と伝わる宿根木。江戸時代に小木港が整備されると、千石船で全国各地へ貿易を展開。船乗りや船大工など、120戸500人でにぎわう千石船の里として、金山で活気づく相川地区と並んで、佐渡の中心的集落へと発展した。

その後、明治時代後期に蒸気船や鉄道が発達すると、回船業の衰退とともに町は静かになっていくものの、現在もにぎやかだった江戸中期から明治初期にかけての町並みが残る。分厚い船板を張った木造家屋を見上げながら石畳の小路を進むと、柿渋塗りが豪奢な清九郎家や、軒下飾りにしゃれっ気が漂う伊三郎家など、古きよき時代を垣間見られる遺構が点在。素朴ななかに粋を大事にした古い集落は、どこか懐かしさを感じさせる。集落のはしからはしまでは歩いて15分ほど。起伏もないのでのんびり散策を楽しめる。

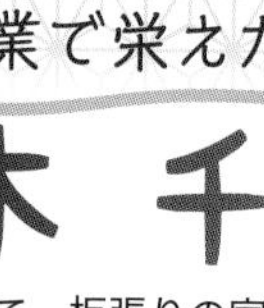

上／伊三郎の軒下飾り。軒下の支えに細かい装飾が　右／千石船の余材などを使った家屋の腰板

MAP 折り込み③ A2　交 小木港から車で約15分。または❶宿根木からすぐ
料 佐渡国小木民俗博物館・清九郎家・金子屋・三角家の4館共通チケット1000円、ガイド付きコースはガイドひとりにつき1時間2500円〜　※町歩きは無料
問 佐渡観光交流機構南佐渡支部 ☎(0259)86-3200

もっと知りたい!

幸福地蔵への欲張りコース

宿根木から小木港方面へ徒歩10分ほどの幸福地蔵（→ P.93)。高さは約17.5mで日本最大級。周辺には岩屋洞窟などの観光スポットが点在し、宿根木から徒歩1時間ほどで観光できる。琴浦方面から海沿いの海岸遊歩道を歩くルートも（→ P.54)。

森から海を眺める幸福地蔵。琴浦沖には2mの地蔵が沈むダイビングスポットが

voice 中央がへこんだ石畳に歴史を感じる世捨小路（よすてこうじ）。名前の由来ははっきりしないが、集落内での葬儀で必ずここを通ったからという説が有力。この通りに幕末の蘭学者として知られる柴田収蔵の生家がある。

スケジュール

所要時間	歩行距離	体力レベル
約 3 時間	約 1.5 km	

08:30 佐渡国小木民俗博物館から町歩きスタート

1920 年（大正 9 年）建築の木造校舎を利用した博物館。漁撈用具や船大工道具など貴重な民俗資料が展示されている。併設の千石船展示館では実物大の千石船を公開している。

MAP 折り込み③ A2
交 ❶ 小木民俗博物館前からすぐ
住 佐渡市宿根木270-2
電 (0259)86-2604　時 8:30 ～ 17:00　休 なし　料 500円、小・中学生200円　駐車場 あり

建物は旧宿根木小学校

千石船展示館には江戸時代末期の千石船を再現した「白山丸」が

徒歩 10分

09:10 朱色の板の間が美しい清九郎家を見学

もとは 2 隻の回船をもっていた回船主の家で、内部は幕末頃を設定して復元されたもの。柿渋塗りの板の間が鮮やか。

MAP 折り込み③ A2　交 ❶ 宿根木から徒歩約3分　住 佐渡市宿根木400　時 9:00 ～ 16:00（7月下旬～ 8月下旬は～ 17:00）※4月～ 11月中旬の土・日曜、祝日および7月下旬～ 8月下旬のみ　休 左記以外
料 400円、小・中学生200円
駐車場 なし

松の梁や杉の一枚板も立派。1858 年（安政 5 年）頃の建築

徒歩 1分

09:30 隆盛を極めた時代に、船大工が過ごした金子屋

幕末の 1846 年（弘化 3 年）以前に建てられた、船大工の家を復元。20cm ほど高くなった帳台構えと呼ばれる敷居や昔ながらの土間、居間が特徴的。

MAP 折り込み③ A2
交 ❶ 宿根木から徒歩約2分
住 佐渡市宿根木397
時 9:00 ～ 16:00
休 12 ～ 3月
料 300円、小・中学生150円
駐車場 なし

船大工の家らしく壁には船板の余材が張られている

徒歩 3分

10:00 古民家レストラン、茶房やましたでひと休み

宿根木で使われていたたらい舟を裏返したテーブル

回船主の納屋を利用したカフェ&レストラン。休憩には毎朝仕込むぜんざい 515 円がおすすめ。ランチタイムは手打ちの生パスタやピザなどイタリア料理を楽しめる。

MAP 折り込み③ A2
交 ❶ 宿根木から徒歩約3分
住 佐渡市宿根木442
電 (0259)86-1212
時 10:00 ～ 16:00（ランチ 11:00 ～ 14:00）
休 木曜　駐車場 なし

素朴な甘味にほっこり

徒歩 1分

10:30 宿根木の記念撮影は三角家が定番！

三角形の敷地に立つユニークな形の木造家屋。JR の CM で紹介されてから宿根木随一の人気のスポットに。正面からの見た目により、舟形の家とも呼ばれている。

MAP 折り込み③ A2
交 宿根木バス停から徒歩約5分
住 佐渡市宿根木448　時 9:00～16:00（7月下旬～ 8月下旬は～17:00）※4月～11月中旬の土・日曜、祝日および8月のみ　休 左記以外　料 300円、小・中学生150円　駐車場 なし

塩販売の看板が！

屋内ではかつての暮らしぶりが展示されている

徒歩 3分

11:00 瓦屋根が美しい称光寺に参拝

鎌倉時代末期の 1349 年（貞和 5 年）に開かれたと伝わる時宗の寺。緑の木々に包まれた境内には石塔や石仏が多い。山門は宿根木で最も古い建築物といわれる。

MAP 折り込み③ A2
交 ❶ 宿根木から徒歩約8分
住 佐渡市宿根木407
電 (0259)86-3118
駐車場 なし

火災により 1923 年（大正 12 年）に再建された

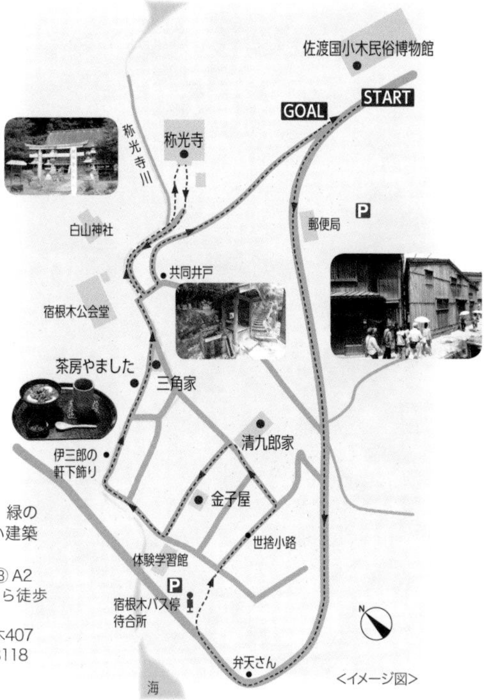

voice 千石船の白山丸は、1858 年（安政 5 年）に宿根木で建造された幸栄丸の板図をもとに 1998 年 3 月に完成したもの。旧羽茂町で伐採した樹齢 108 年の大杉などを使い当時の工法で再現。毎年 7 月末の白山丸祭りでは、150 畳ほどの白い帆が張られる。

下町情緒が漂う佐渡の玄関口

両津 港町散歩

加茂湖と両津湾に挟まれたエリアに、民家や商店街が集まる両津中心部。活気にあふれた港町では人々の営みが薫る素顔の佐渡に出合える。

かつての漁師町を巡り 島を支える商業の中心へ

両津橋を中心に、北の夷(えびす)、南の湊というふたつのエリアからなる両津。フェリーが発着する佐渡の表玄関であり、観光客の姿も多い。港を出て南へ足を向けると、板張りの民家が連なるかつての漁師町が広がる。飴色の古民家のなかに鮮魚店や酒屋などが点在し、のんびり歩くだけで島民の生活が垣間見られるのが魅力。情緒ある湊本町通りには寺院が多く、保育園の庭にかつての参道を思わせる鳥居が立つなど、ユニークな光景を見るのも楽しい。

両津橋を渡った北側は、商店街が延びる商業の街。夷本町通りと平行に走る細い通りに歴史を感じさせるお寺や神社、古民家を改装したカフェなどが点在し、散策するにはぴったり。旅館や民宿も多いので、旅の拠点として最適なエリアだ。道端に石像を祀った祠があったり、細い路地に大きな地蔵が立っていたり、島に息づく深い信仰が感じられる。

上／不動明王に守られた蛭子神社の手水舎。交通安全の守護神になる
左／両津港には佐渡おけさを踊る２体の人形が

MAP 折り込み① A1 ～ B1　交 両津港からすぐ　料 ガイド付きコースはガイドひとりにつき１時間 2500 円～　問 佐渡観光交流機構両津支部☎ (0259)27-5000

もっと知りたい！

古民家ショップに注目

両津を歩いていると、ところどころに古民家を利用した店が見つかる。朝採れの野菜や果物を扱う店、手作りの味噌を売る店、雰囲気のよいカフェなどもあってテンションアップ！ ハンドメイドの個性派みやげが買えることも。

湊本町通りにある四十物屋。佐渡産の野菜や果物、手工芸品などが買える

voice＜ 毎月 13 日には湊本町通りで定期市が開催され、旬の野菜や果物などを目当てに市民や観光客が集まり活気にあふれる。また神明町通りでも毎月 2 日と 23 日に市が立つ。

スケジュール

所要時間	歩行距離	体力レベル
約2時間	約4 km	

13:00 地元でも評判の味噌! 塚本こうじ屋

味噌のほか、9～4月は手作りの糀も買える

寒仕込みで1年間、杉樽に入れて熟成させた味噌がおいしい。3日間育む手作り麹をたっぷり使用している。佐渡の珍味、なめぜも人気。

MAP 折り込み① B1 交 両津港から徒歩約10分 住 佐渡市両津湊303 電 (0259)27-2769 時 8:30～17:30 休 日曜 駐車場 なし URL www.misokouji.com

徒歩10分

13:25 貴重な文化財を保管する妙法寺にお参り

こぢんまりとしたたたずまいの日蓮宗寺院。木々が手入れされた境内は箱庭のよう。県の文化財、洛中洛外風俗図屏風を保管している。

MAP P.70C3 交 両津港から徒歩約5分 住 佐渡市両津湊200 電 (0259)27-2957 駐車場 あり

本堂外陣の欄間はやわらかな曲線で表現した彫刻が見事

徒歩5分

13:40 冬は名物のカキが楽しみな加茂湖

両津の内陸側に広がる周囲17kmの新潟県最大の湖。湖岸には遊歩道が整備されている。約1200基のカキ筏が浮かび、特産品のカキの養殖が盛ん。

MAP P.70A3
交 両津港から徒歩約6分

もとは淡水湖だったが、明治期に海と水路でつながり汽水湖に

徒歩5分

14:05 モダンな「CAFEよつば」でひと休み

商店街の中心にあるカフェ&レストラン。自家製のタルトやアイスクリームから、ワインに合いそうなメニューまで揃っている。

MAP P.70B2 交 両津港から徒歩約8分 住 佐渡市両津夷176-2 電 (0259)67-7200 時 11:00～14:30、17:00～21:00 休 火曜 駐車場 なし

気軽に楽しめるメニュー♪

日中は大きな窓から光が入り気持ちがよい

徒歩3分

14:40 天主堂が青空に映える両津カトリック教会

1879年にフランス人宣教師により創設され、焼失後の1887年に再建された教会。明治以降、佐渡のキリスト教の拠点になった貴重な建物。

MAP P.70B2 交 両津港から徒歩約10分 住 佐渡市両津夷249 電 (0259)27-2306 駐車場 あり

日本の教会を数多く手がけたパピノ神父による設計

徒歩1分

14:50 地域の信仰を集める佐渡蛭子神社

路地に立つ小さな社殿だが、夷という町名の起源となったといわれる由緒正しき神社。祭神として蛭子の命を祀り、地域の人々に愛されている。

MAP P.70B1 交 両津港から徒歩約13分 住 佐渡市加茂歌代200 電 (0259)23-3501 駐車場 なし

細い路地を抜け海方向へ

社殿横には水神を祀る手水舎が配されている

徒歩10分

テーマは佐渡の夏!

15:20 欄干から4体の像が見守る両津大橋

水路に架かる3本の橋のうち、最も海側にある

加茂湖と両津湾をつなぐ水路に架かる両津大橋。車道は4車線あり、歩道も広いので散策にぴったり。欄干には佐渡の春夏秋冬をモチーフにした像が立つ。

MAP P.70C2 交 両津港から徒歩約3分

両津湾

<イメージ図>

voice< 町歩きは湊、夷のそれぞれに1時間ほどみておけば、時間に余裕をもって回れる。ほとんど坂のない平坦なコースなので、両津港の観光協会で自転車を借りてもよい（→P.125）。

金山でにぎわった坂と石段の町

相川　京町探訪

幕府の財政を支えた佐渡金山のおひざ元として、鉱山技術者や商人が集まった相川。緩やかな坂が続く京町通りに、ゴールドラッシュに沸いた江戸時代の町並みが残る。

佐渡奉行所から金山へ
江戸時代の繁華街を歩く

金山の町として、江戸時代に最盛期を迎えた相川。佐渡金山の開山から2年たった1603年、2kmほど離れた場所に佐渡奉行所がおかれると、続く道筋に鉱山技術者や奉行所役人の家屋が集中。金山の隆盛とともに人も店も増え、京町と呼ばれる繁華街が形成されていく。

そんな当時のにぎわいを思い浮かべながらの散策が、相川町歩きの魅力。奉行所から金山まで、緩やかな坂が700mほど続く京町通りでは、木板を張った家屋が軒を連ね、古民家を改装したギャラリーやカフェが点在。下京町、中京町、上京町と上った高台から振り返れば、真っ青な相川湾から海風が吹き抜ける。

細い路地に足を向けると、江戸時代に築かれた石垣が続き、苔に覆われた石段や、木漏れ日に包まれる石仏があちこちに。飲食店が充実した商店街まで歩いてすぐなので、夕食前の散策にもぴったり。

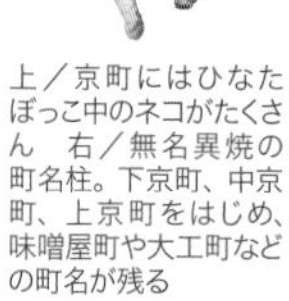

上／京町にはひなたぼっこ中のネコがたくさん　右／無名異焼の町名柱。下京町、中京町、上京町をはじめ、味噌屋町や大工町などの町名が残る

もっと知りたい！

緑深い寺社巡りコース

本格的に散策を楽しむなら、京町周辺の寺社巡りもおすすめ。無宿人の墓の周辺には、石仏が並ぶ相運寺や迫力の仁王像に守られた瑞仙寺があり、途中の石段や小路に古きよき集落の雰囲気が残る。緑の木々が覆う妙円寺の山門も必見。坂や階段が多いので歩きやすい靴で。

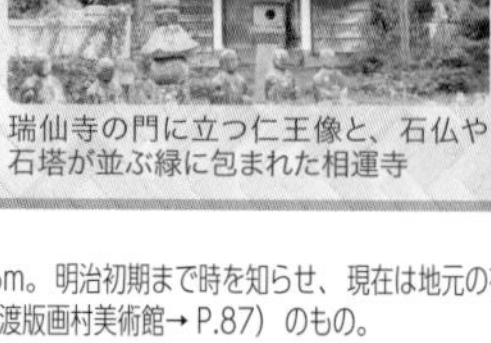

瑞仙寺の門に立つ仁王像と、石仏や石塔が並ぶ緑に包まれた相運寺

MAP P.86B1～C1　交 両津港から車で約1時間。または❶佐渡版画村からすぐ
料 ガイド付きコースはガイドひとりにつき2時間2500円～
問 佐渡観光交流機構相川支部☎(0259) 74-2220

Voice＜ メイン写真奥の時鐘は、1712年に佐渡産出の銅で鋳造された。高さ約1.5m、胴回り約2.6m。明治初期まで時を知らせ、現在は地元の有志により7:00と17:00に鳴らされる。れんがの壁は1888年建設の旧相川簡易裁判所（現佐渡版画村美術館→P.87）のもの。

スケジュール

所要時間 約3時間30分 | 歩行距離 約4km | 体力レベル

08:30 時代劇のような御白州が見事な佐渡奉行所

1858年頃の遺構を整備し復元した佐渡奉行所跡。裁判を行うための御白州や、金銀を選鉱した勝場（せりば）を再現している。

MAP P.86B1
交 ❶佐渡版画村から徒歩約1分
住 佐渡市相川広間町1-1
電 (0259)74-2201
時 8:30～17:00(最終入館16:30)
休 なし 料 500円、小・中学生200円
駐車場 あり

気分は佐渡奉行

役所と工場を兼ねていた佐渡奉行所。御白州は必見！

徒歩5分

09:30 木造家屋が並ぶ緩やかな坂をさんぽ

坂の両脇に板張りの家屋が軒を連ねる京町通り。ゴールドラッシュに沸いた江戸時代は、佐渡きっての繁華街としてにぎわった。

MAP P.86B1
交 ❶佐渡版画村から徒歩約5分

周辺にはカフェやギャラリーが点在している

徒歩5分

10:00 木造の旧相川拘置支所に潜入！

1954年から1972年まで使用された旧相川拘置支所。面会室や収監室などが公開されており、実際に入って見学できる。国の登録有形文化財。

MAP P.86C1
交 ❶佐渡版画村から徒歩約15分
住 佐渡市相川新五郎町24
電 (0259)74-2220
時 9:00～17:00
休 なし 料 無料
駐車場 なし

高さ3mほどの塀にツタが這う、拘置所の入口

収監室で記念撮影!?

徒歩15分

10:40 静かな森に包まれた無宿人の墓

金山のたまり水を汲む水替人足として働かされた無宿者を供養するため、1853年に建てられた墓。江戸や大坂、長崎から連れてこられた無宿者は1800余人ともいわれる。

MAP 折り込み② B2
交 ❶佐渡金山前から徒歩約15分

金山で亡くなった人を祀る普明の鐘

無宿者28人の墓碑と供養塔などが残る

徒歩20分

11:10 絶景の京町茶屋で海を眺めながらひと休み ※閉店しました

高台から相川湾を見渡す古民家カフェ。手作りのケーキや生搾りジュースなどを楽しめる。2階のギャラリーでは企画展が開催されることも。

MAP P.86B1
交 ❶佐渡版画村から徒歩約2分
住 佐渡市相川八百屋町5
電 090-1428-6105
時 10:00～16:00
休 火曜(冬季は不定休)
駐車場 なし

素朴なスイーツをどうぞ♪

眼下に市街地と相川湾が広がる。テラスにも出られる

徒歩5分

11:40 実に走りたくなる坂……西坂

京町から相川市街へ延びる石段の坂道。なだらかなカーブの途中には展望所があり、海を一望できる。下りた先は羽田商店街。

MAP P.86B1
交 ❶佐渡版画村から徒歩約1分

新緑の季節は石段の脇を草木が覆う

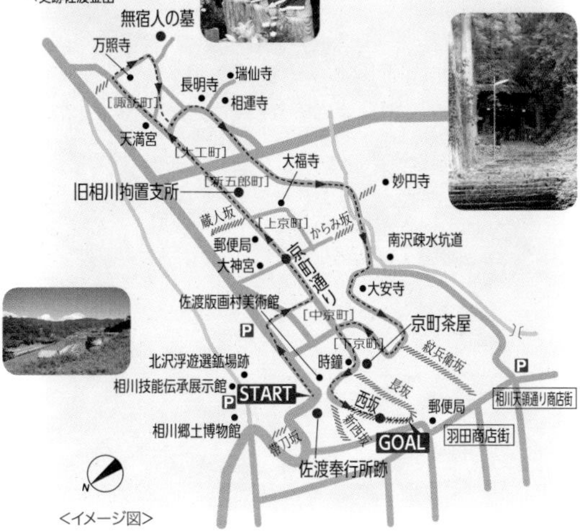

<イメージ図>

voice 京町の名前の由来は、京都の西陣織を売る呉服店があったからとする説が有力。奉行所に近い下京町には、夜番所や町年寄など公的な建物や役人の住居がおかれ、中京町には大工や桶屋など技術職の家屋が、上京町には山師や坑夫が暮らし質屋や商店でにぎわった。

江戸時代から平成まで
約400年間稼働した産業遺産

史跡佐渡金山見学

東西約 3000m、南北約 600m の大規模な鉱脈を誇った佐渡金山。手掘りの坑道や巨大な採掘機械など、貴重な遺産に歴史が息づく。

株式会社ゴールデン佐渡 鉱山係
岩見昭一郎さん

金鉱脈に沸いた坑道などの遺産を巡る

1601 年（慶長 6 年）に発見され、1989 年（平成元年）の操業停止まで 388 年間にわたって採掘が続けられた佐渡金山。鉱脈は山々をつなぎ、その規模は東西約 3000m、南北約 600m、深さ約 800m。開削された坑道の総延長は約 400km と、東京〜大阪の直線距離ほど。

史跡佐渡金山では、そんな広大な遺構のなかからいくつかの見どころを公開している。必見は、斧を入れたように山が真っぷたつに裂けた姿が特徴的な道遊の割戸。開山当初から主要鉱脈として注目され、頂上から地表を削った採掘跡は深さ約 74m、幅約 30m。周囲には江戸時代の坑内労働を再現した宗太夫坑や、明治時代の工場跡などがあり、これらを回る坑道周遊コースが人気を集めている。そのほか江戸時代初期に手掘りされた大切山坑と無名異焼の原料を採掘した無名異坑を探検する山師ツアー、北沢浮遊選鉱場跡など近代鉱業を知る産業遺産ツアーなどのガイド付きツアーもある。

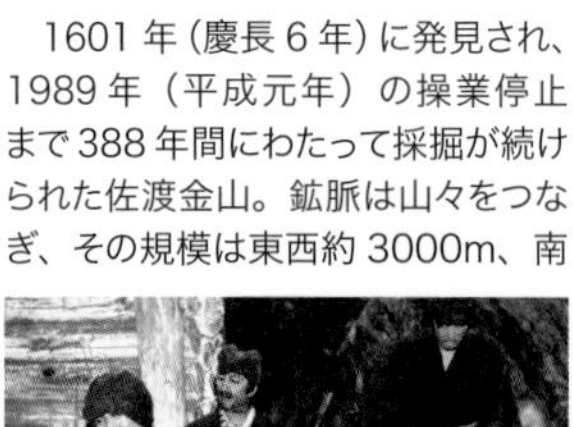

上／江戸時代の作業を知る宗太夫坑　右／坑夫の悲哀が書かれたＴシャツ

MAP 折り込み② B2
交 両津港から車で約 1 時間 ❶佐渡金山からすぐ　住 佐渡市下相川1305　電（0259)74-2389　時 8:00〜17:30（11〜3 月は 8:30〜17:00）　休 なし　料 1500 円、小・中学生 750 円（坑道周遊コース）
駐車場 あり　URL www.sado-kinzan.com

もっと知りたい！　じっくり佐渡金山を知るガイド付きツアー

江戸時代の山師が開削した坑道 **山師ツアー**	2500 円（4 〜 11 月のみ）所要 100 分　※中学生以上限定	江戸時代の山師が 14 年かけて開削した約 400m の大切山坑と、赤い岩が美しい無名異坑を、懐中電灯片手に探検（人数制限あり。要予約）。
金銀生産にまつわる近代産業遺産を巡る **産業遺産ツアー**	1500円、小・中学生 750 円（10 人以上、4 〜 11 月のみ）所要 70 分	道遊の割戸、粗砕場、北沢浮遊選鉱場跡、大間港など、明治以降の史跡をバスで回る（団体のみ。要予約）。

voice＜ メイン写真で紹介しているのは、鉱石から金銀を抽出する作業を行った北沢浮遊選鉱場跡。1938 年頃から設備投資され、年間 5 万トンの鉱石処理が可能な浮遊選鉱場として東洋一の規模を誇った。山の斜面を覆うコンクリートの骨組みが圧巻。

スケジュール

所要時間 約2時間　歩行距離 約2km　体力レベル

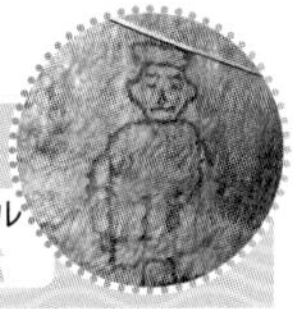

08:00 坑道で働く人形が臨場感たっぷりの宗太夫坑

江戸時代に掘られた坑道に、「佐渡金山絵巻」に描かれた当時の様子を忠実に再現した人形が展示されている。身分によって異なる作業など、鉱山労働者の悲哀も感じられる。

採掘作業を行う坑夫の人形はどれも表情が豊か

右側が宗太夫坑の入口

徒歩5分

08:30 ミニチュアから歴史を学ぶ金山資料館

佐渡金山の歴史や金銀の採掘から小判鋳造までの流れなどがひと目でわかる資料館。アリの巣のように縦横無尽に入り組む坑道のミニチュア模型や、時価6000万円という12.5kgの金塊は必見。

奉行船など精巧な模型が展示されている

江戸時代の大判、小判も

徒歩5分

08:50 平成元年まで鉱石の運搬に使用された道遊坑

1899年に開削され、操業停止まで鉱石の運搬に使用された約320mの坑道。他の坑道へとトロッコのレールが続き、機械工場や粗砕場など近代的な設備が残されている。

坑道をつなぐレールの分岐点。脇にはトロッコも

ここが道遊坑の出口！

徒歩5分

09:00 開放的な広場から道遊の割戸を一望

佐渡金山の主要鉱脈、道遊脈を頂上から露頭掘りし断ち割った亀裂は、深さ約74m、幅約30m。ダイナミックな姿は圧倒的な存在感。現在は木々に覆われ、周囲は広場になっている。

緑がきれいな高任公園が絶景ポイントに。春は桜が美しい

徒歩5分

09:10 道遊の割戸を間近に眺める高任神社へ

道遊の割戸の近くには、掘削跡をのぞき込める展望台がある。また金脈の上に立つパワースポット、高任神社は佐渡金山の神様。眺望のよさで知られ、相川湾から春日崎にかけての景観を見渡せる。

金運が上がるかも!?

道遊脈の下部は明治時代に採掘された

徒歩10分

09:30 油にまみれた重機が並ぶ機械工場

鉱山を安定して操業するため、採掘機械を修理した工作課の工場。現在でも使用できる機械が残され、静かにたたずむ油まみれの姿に、鉱山の盛衰が見てとれる。

展示された工作機械にはていねいな説明が

voice< レンタルの懐中電灯と長靴を装備し、照明のない真っ暗な坑道を進む山師ツアー（要予約）。坑道内はぬかるみ滑りやすいので、足腰が健康なことが条件。ほかに所要時間30分の宗太夫コースと40分の道遊坑コースはどちらも900円で自由に見学できる。

目の前、2cmでトキに会える！

トキの森公園

資料展示館でトキを知り、
ふれあいプラザでトキに会う。

トキの森公園
樋口暁子さん

スケジュール

所要時間	体力レベル
約1時間30分	

桜色の羽毛に心和むニッポニア・ニッポン

佐渡市と新潟県のシンボルに指定されているトキ。淡い桜色の羽毛に包まれたしなやかな姿は、学名のニッポニア・ニッポンにふさわしく、日本を代表する鳥として愛される存在。残念ながら純日本産は、2003 年に死んだキンを最後に絶滅してしまった。しかし、1999 年に中国より贈られた 2 羽から最初のヒナが産まれ、今では毎年数十羽のヒナが誕生している。

そんな飼育下のトキを観察できるのがトキの森公園。大型のケージ内に自然環境が再現され、ゆったりと羽ばたくなど、リラックスした表情のトキが見られる。健康状態がよければヒナも公開され、食欲旺盛に餌をついばむ姿がかわいらしい。給餌の時間は不定期なので現地で確認を。

ケージや窓ガラスを通して間近にトキを観察。その距離はなんと最短 2cm！

もっと知りたい！

放鳥トキの観察ルール

放鳥開始から 10 年以上がたち、現在は自然下に約 450 羽のトキが生息。出合ったら、驚かせない、餌づけをしない、巣に近づかない、などのルールを厳守。静かに見守ろう。

森や水田の近くに現れる

MAP 折り込み① A2　交 両津港から車で約 20 分。またはⓘトキの森公園から徒歩約 1 分　電 (0259)22-4123　住 佐渡市新穂長畝 383-2　時 8:30 ～ 17:00（最終入場 16:30）　休 12 ～ 2 月の月曜（祝日の場合は翌日）　料 400 円、小・中学生 100 円　駐車場 あり　URL www.city.sado.niigata.jp/site/tokinomori

08:30 最後の日本産トキ、キンの石碑

1968 年に捕獲され、トキ保護センターで飼育されたキン。2003 年に死亡したときは推定 36 歳で、キンの死により日本産のトキは絶滅したとされる。

日本産最後の1羽、キン

徒歩3分

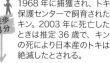

08:40 生態や歴史を知るトキ資料展示館

トキの生態や、保護の歴史、野生復帰への取り組みなどを展示。映像や音声資料も充実しており、トキにまつわる歴史から現在の状況までを学べる。

貴重な骨格標本も展示

徒歩1分

09:10 窓越しにトキからのごあいさつ

資料館奥の観察回廊からは、トキ保護センターで飼育中のトキを観察できる。飼育ケージ内のトキはじっくり観察するのに最適。ピンクの羽毛が美しい。

数十羽が飼育されている

徒歩3分

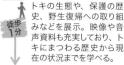

09:30 なんだか強そうなクロトキを観察

トキはペリカン目トキ科の鳥。同じ科でよく似たクロトキが、園内の多目的飼育ケージで公開されている。モノトーンでスタイリッシュなたたずまい。

黒い頭部と白い羽が特徴

徒歩3分

09:50 餌の時間にトキふれあいプラザへ

自然に近い環境を再現した大型のケージでは、数羽のトキが飼育されており、餌の時間になると大はしゃぎ。窓の目の前 2cm で見られる。

目の前でドジョウをパクリ

voice＜ 江戸時代までは、日本全国やアジア諸国で普通に見られたトキ。しかし、明治時代以降は乱獲や環境悪化により激減。1952 年に特別天然記念物に指定された頃には国内に 20 羽前後となり、現在は中国と韓国、日本にしか生息していない……。

季節ごとに表情を変える
ニッポンの原風景

棚田里山を歩こう♪

300年の歴史をもつ美しい棚田が残る佐渡。
豊かな自然に溶け込んだ安らぎの里山へ。

世界農業遺産登録の美しい景観が心に響く

佐渡棚田協議会会長
大石惣一郎さん

佐渡は2011年に日本で初めて世界農業遺産（GIAHS）に認定された。トキの野生復帰を目指すなかで、減農薬・減化学肥料などの農法を進め、生物多様性の保全と農業生産活動を両立。持続的な環境保全体制を育んでいることが評価された。人口140人余りの小さな岩首集落では、GIAHS認定をきっかけに大切に守り続けてきた棚田を案内するツアーを開催。集落手前から標高350mまで連なる山間の棚田は、天空へ続くような形状から昇竜棚田と呼ばれる。地元住民の案内で棚田を歩けば、海からの潮風が稲穂を揺らし、サラサラという心地よい音が全身を包み込む。

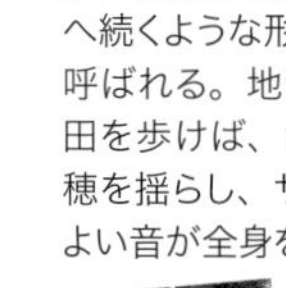

左／稲を乾かすために伝統的なハゼ掛け乾燥も　下／あたり一面黄金色に染まる秋の棚田は圧巻

もっと知りたい！

棚田サミット開催地

2016年の「第22回全国棚田（千枚田）サミット」は佐渡で開催された。棚田の持続的な保全活動が盛り上がるなか、佐渡に注目が集まっている。

田植えボランティアも募集

MAP 折り込み④ C3
交 両津港から車で約50分。または❶岩首から徒歩約15分
住 佐渡市岩首573（岩首談義所）　時 9:30～11:30、13:00～15:00
休 12月1日～3月31日　料 2300円、子供1500円　駐車場 あり
問 佐渡観光交流機構☎(0259)27-5000　URL sadotanada.com

スケジュール

所要時間	体力レベル
約2時間	★☆☆

13:00 集合は麓の岩首談義所

廃校になった旧岩首小学校の、木造校舎を利用した交流施設に集合。佐渡一周線から棚田方面へ車で1分ほど。教室や体育館などが懐かしい。

研修や合宿などでは宿泊も

徒歩すぐ

13:05 まずは棚田についてお勉強

ガイドさん手作りのパネルを使って、岩首の棚田について歴史や課題など興味深い話を聞かせてくれる。棚田の耕作面積は全国的に減少しているそう。

現在の耕作面積は約23万㎡

車で3分

13:20 緑に囲まれた養老の滝へ

岩首川沿いに整備された坂を2～3分歩くと、高さ29mから落ちる滝が見えてくる。緑に覆われた優美なたたずまい。地元では神聖な滝と伝えられている。

修験道の修行の場でもある

車で10分

13:40 風にそよぐ稲穂に感動！

青空を映す初春から、緑鮮やかな夏、黄金に色づく秋まで、棚田の表情は多彩。風に稲穂が揺れ美しい。作業をする方のじゃまにならないように。

春は田植えが見られることも

徒歩5分

13:45 棚田里山散策を堪能

ご飯茶碗2膳分の小さな棚田から、水平線に溶け込むような断崖の棚田まで、同じ棚田でもさまざま。高台の展望スポットまで上がってみよう。

高台からは棚田と海を一望

voice＜ 佐渡には岩首以外にも、片野尾や北片辺、猿八、月布施などで棚田が保全されている。これらの棚田で取れた米は「棚田米」として商品化されており、購入することもできる。昔ながらの田んぼで作った米のお味は？

知ることも
旅の楽しみ♪

海岸線から標高70mまで
持ち上げられた
岩屋山の隆起海食洞

時空を超えて語りかける
壮大な自然の贈りもの

ジオパーク散策

1000m 級の山地から入り組んだ海岸まで、
変化に富んだ佐渡の大地の遺産を巡る。

ジオパークガイド
児玉 功さん

海底火山の噴火でできた小木半島の貴重な地形

地球をそのまま展示物に見立てたジオパークは、歴史を伝える地形やそこで育まれた動植物、文化などを広い視野で学べる新しい観光スタイル。佐渡は見事な地形景観と豊かな自然、そして独特の歴史や文化が評価され 2013 年に日本ジオパークに認定された。なかでも小木半島は、1300 万～ 1400 万年前に海底火山から流れ出た溶岩が残り、枕状溶岩など学術的に価値のある地形が多く見られる理想的なフィールドだ。ジオパーク散策では、珍しい地形や地質とともに、回船業から農業へ移行していった歴史の流れも知ることができる。

話だけでなく実際に見たり触ったりできるので、子供も興味津々

もっと知りたい！

島全域に見どころが点在

佐渡は島全体がジオパークといわれるほど、ジオパークを構成するさまざまな見どころが点在している。なんと日本で見られる海岸地形のすべてが揃っている（→ P.101）。

枕状溶岩でできたたけのこ岩

MAP 折り込み③ A2（佐渡国小木民俗博物館集合）
交 小木港から車で約 10 分。または❶小木民俗博物館前から徒歩約 1 分
住 佐渡市宿根木 270-2（佐渡国小木民俗博物館） 時 約 4 時間（8:30 ～ 17:00 で応相談※季節により異なる） 料 5500 円（ガイドひとりにつき最初の 1 時間 2500 円、以降 1 時間 1000 円。5 人まで） 問 佐渡ジオパーク推進協議会☎(0259)27-2162 予約 1 週間前までに必要
URL www.sado-geopark.com

スケジュール

所要時間	歩行距離	体力レベル
約 4 時間	約 5 km	2/3

13:00 まずは博物館で千石船を見学

散策は貴重な民俗資料を展示している佐渡国小木民俗博物館（→ P.45）から。併設の千石船展示館では、復元された千石船の白山丸が見られる。

資料館は大正時代の建物

徒歩 20分

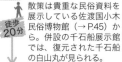

14:00 8 万年前にできた隆起海食洞

地元で岩屋山と呼ばれる洞窟は、約 8 万年前にできた隆起海食洞（→ P.93）。内部にはいたるところに手彫りの石仏が並び、パワースポットとして知られる。

縄文早期の土器が出土した

徒歩 35分

15:00 小木最大、琴浦の海食洞へ

琴浦の海食洞は 11 ヵ所見られる小木の海食洞のなかで最大の海食洞群。内部は暗くひんやりとしていて、神秘的な雰囲気に満ちている。

波の浸食で形成された洞窟

徒歩 30分

15:45 地震で隆起した海底が広がる

波の浸食でできた平らで浅い海底が、1802 年の小木地震で最大 2m も隆起した隆起波食台が見られる。月や火星を思わせる海岸が広がっている。

現在は海苔畑に使われる

徒歩 15分

16:00 トンネルを通って宿根木集落へ

1935 年に海藻の加工や貯蔵のために掘られた相馬崎隧道。隆起波食台と宿根木集落とをつないでいる。細くて暗いトンネルは異世界への入口のよう。

集落を散策して終わり！

voice＜ 2020 年 11 月現在、日本ジオパークに認定されているのは 43 の地域。そのうち洞爺湖有珠山、アポイ岳、伊豆半島、糸魚川、山陰海岸、島原半島、室戸、隠岐、阿蘇の 9 ヵ所が世界ジオパークに認定されている。

小木の海をモーターボートで疾走！

琴浦洞窟めぐり

佐渡観光交流機構が開催する体験プログラム。たらい舟の力屋観光汽船の桟橋からモーターボートに乗り、入り組んだ小木の海岸を眺めながらのクルージングを楽しむ。目指すは「青の洞窟」と呼ばれる琴浦洞窟。波に浸食されてできた海食洞は内部まで真っ青な海が広がり幻想的。矢島・経島などの景勝地を海から眺めるのも新鮮な体験だ。

幅 22 m、高さ 7.5m、奥行き 45m の洞窟は、琴浦洞窟群のひとつ

頭をぶつけないよう注意！
桟橋から乗船。モーターボートでの移動は往復 20 分ほど

悲恋の物語も……
佐渡を代表する景勝地、矢島・経島で朱の橋をチェック

漢字の八を逆に書いたような風食洞は左八文字と呼ばれる

海の色に注目！
モーターボートが入れるのは、ドーム状の洞窟の入口まで

MAP P.92B3 所要 約 30 分 交 小木港から徒歩約 4 分（力屋観光汽船集合）
住 佐渡市小木町 1935 時 13:30 ～ 14:00 休 11 月 9 日～4 月 3 日
料 3500 円、4～12 歳 2600 円（最少催行人数 2 人） 予約 必要
駐車場 あり 問 佐渡観光交流機構☎(0259) 27-5000 URL enjoysado.net
※ 2020 年の実施内容。2021 年以降はご確認ください

刺激を受けると青白い発光物質を放出。観察後は水で流し海に戻す

闇夜に青く輝く海の宝石

ウミホタル観賞

ウミホタルは浅い海に生息する夜行性の甲殻類。発光物質を分泌することで知られ、佐渡ではウミホタルを観察するツアーが人気を呼んでいる。ツアーでは魚を餌に捕獲したウミホタルを堤防で観察。夜光虫との違いなど生態についても教えてもらえる。星空をバックに、青く幻想的に輝くウミホタルはまさに自然の神秘。

空と海のスターライト♪
雲がない日は、満天の星とウミホタルという奇跡のコラボも

魚を餌に捕まえる
ウミホタルの体長は 4mm ほど。真野湾などでよく見られる

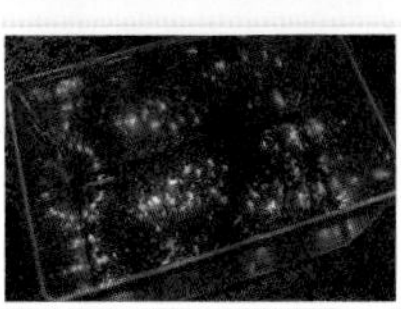
近くでよく見ると、放出した物質が光っているのがわかる

酸素と反応して光る
堤防に撒いたウミホタルを観察。発光が長く続くのが特徴

写真／伊藤善行

MAP P.80B3 所要 約 1 時間 交 佐和田 BS から車で約 12 分（真野漁港多目的広場駐車場集合） 住 佐渡市豊田 2084-1 時 20:00 ～ 21:00（月に 1 回程度の開催） 休 10 ～ 5 月 料 2000 円（最少催行人数 2 人）
予約 必要 駐車場 あり 問 佐渡観光交流機構☎(0259) 27-5000 URL enjoysado.net
※ 2020 年の実施内容。2021 年以降はご確認ください

voice＜ このページで紹介しているのは、佐渡観光交流機構が開催する体験プログラム「エンジョイプラン」のツアー。ほかにも町歩きや海遊び、トレッキングなど楽しいツアーが揃っており、料金もお得な場合が多いのでチェックしてみて。

初めての船頭体験

小回りが利いて意外に安定！

たらい舟

小木海岸では現役で活躍しているたらい舟。隠れた岩礁が多い海で安全に漁ができるよう、洗濯桶から改良された。たらい舟に乗船できるのはおもに２ヵ所。力屋観光汽船は開放感のある小木港で年間を通して体験でき、矢島体験交流館はたらい舟から矢島・経島の美景を眺められるのが魅力だ。

矢島体験交流館は小さな入江が体験のフィールドになる

力屋観光汽船は港の桟橋からたらい舟に乗船。バランスを取って！

カメラを渡すと、ほかの舟の船頭さんが記念写真を撮ってくれる

力屋観光汽船 MAP P.92B3 所要 約８分 交 小木港から徒歩約４分 住 佐渡市小木町 1935 電 (0259) 86-3153 時 8:20 ～ 17:00（11月26日～２月28日は 9:00 ～ 16:00） 休 なし 料 700 円、4 歳～小学生 400 円 駐車場 あり URL park19.wakwak.com/~rikiyakankou

矢島体験交流館 MAP 折り込み③ B2 所要 約10分 交 小木港から車で約５分。または❶矢島入口から徒歩７分 住 佐渡市小木 365-1 電 (0259) 86-2992 時 8:00 ～ 17:00 休 11 ～３月 料 700 円、4 歳～小学生 400 円 駐車場 あり

朱の橋が印象的な矢島・経島。透明度が高いので晴れれば海底が見える

水中には魚、空にはウミネコ！

尖閣湾海中透視船

高さ 30m を超える断崖が約 4km にわたって続く尖閣湾。小さな５つの湾の総称で、いちばん北側の揚島峡湾から海中透視船が発着する。船底の窓をのぞけば、クロダイなど日本海の魚がたくさん。デッキから荒々しい地形を見上げると、海風に乗ってウミネコたちがやってくる。水族館や展望台も併設。

ゴツゴツとした岩や小島、断崖の間をぬうように進む海中透視船

潮風が漂う青い空と海！

上／ボートに集まるウミネコ　右／外海府海岸を一望する展望台

離島戦隊サドガシマンが参上！

５～６月はトビシマカンゾウが見頃

尖閣湾揚島遊園 MAP 折り込み② B1 所要 約 15 分 交 両津港から車で約 50 分。または❶尖閣湾揚島遊園前から徒歩１分 住 佐渡市北狄 1561 電 (0259) 75-2311 時 8:30 ～ 17:00（5 ～ 9 月は～ 17:30、11 ～ 2 月は～ 16:30）※海中透視船は３月中旬～ 11 月下旬の運航 休 なし 料 入園料 500 円、小学生 300 円、乗船料 1400 円、小学生 800 円（入園料含む） 駐車場 あり URL sado-ageshima.com

voice＜ たらい舟は、上で紹介している２社以外に宿根木集落の前の入江でも体験できる。「宿根木はんぎり」という名称で、入り組んだ海岸線を遊覧するコースは 15 分から。時 9:00 ～ 18:00 休 11 月中旬～３月中旬 料 1000 円～

哀愁の民謡とともに優雅に踊る

佐渡おけさ体験

九州のハイヤ節を起源とする佐渡おけさを、民謡団体の指導のもと体験する。徐々にテンポを上げていく三味線や太鼓の音に合わせ、滑らかに手を動かし優雅に足を運ぶ。ゆったりとした踊りだが、最後まで踊ると汗びっしょり！

手と足がバラバラ〜

右／おけさ笠をかぶると本格的な雰囲気になる
左／天気がよければ、講習は外で行われる。佐渡おけさのほか、江戸時代に人気を博した相川音頭も選べる

立浪会 MAP P.86B2（佐州おーやり館集合） 所要 約1時間 交 きらりうむ佐渡から徒歩約6分 住 佐渡市相川羽田町15（佐州おーやり館） 電 090-5778-1569 時 15:00～16:00（応相談） 休 不定休 料 1500円 駐車場 なし 予約 5日前までに必要

探検気分で神秘的な断崖の洞窟へ

シーカヤック

溶岩でできたダイナミックな海岸線を、シーカヤックで巡る爽快ツアー。小木海中公園に指定された周辺の海域は多様な自然景観に恵まれ、なかでも青の洞窟と呼ばれる竜王洞は光が差し込むと芸術的な美しさを見せる。

初めてでも大丈夫！

上／最初にパドルの扱い方などを練習してからスタート
左／洞窟内の光が水面に反射してサファイアのように輝く青の洞窟へ

スノーケルやマスクを持っていけばスノーケリングも楽しめる

小木ダイビングセンター MAP 折り込み③B2 所要 約3時間 交 小木港から車で約10分。または❶琴浦から徒歩約1分 住 佐渡市琴浦225-2 電 (0259)86-2368 時 9:00～、13:00～ 休 なし 料 6600円 駐車場 あり 予約 必要 URL ogiodc.jimdofree.com

穏やかな海で初めての海中遊覧

体験ダイビング

ダイビングの講習を受けたことがなくても、小木半島の海中世界をじっくり観察できる貴重な体験。ダイビング器材はすべてレンタルなので、水着とタオルだけあればOK。インストラクターがていねいにケアしてくれるので安心だ。

海の中ってにぎやか☆

上／8月中旬から10月初旬がベストシーズン
左／透明度の高い海には生物がいっぱい

8歳から参加できるのでファミリーで体験ダイビングというのも◎

小木ダイビングセンター MAP 折り込み③B2 所要 約2時間 交 小木港から車で約1分。または❶琴浦から徒歩約1分 住 佐渡市琴浦225-2 電 (0259)86-2368 時 8:30～17:00 休 なし 料 1万3200円 駐車場 あり 予約 必要 URL ogiodc.jimdofree.com

voice＜ 佐渡のダイビングスポットは、両津周辺の前浜海岸エリア、鷲崎周辺の内海府エリア、尖閣湾から七浦海岸の外海府・七浦海岸エリア、そして小木エリアの4ヵ所に集中。夏から秋にかけては回遊魚や南方系の魚などが増え、海中がにぎやかになる。

土と向き合う相川伝統の陶芸

無名異焼体験

佐渡金山から出た、酸化鉄を含む赤土を使った陶芸が無名異焼。土のぬくもりを楽しみながら、ろくろや手びねりで陶器を作る。粒子が細かく焼き上がりが硬いので、耐久性が高く湯飲みやビアマグに最適。手の角度や力加減など少しの変化で、まったく違う形になる。

陶芸家の指導を受け、相川の伝統的な陶芸を体験

500gの土を使って陶器を作成。まずは回転するろくろの上で、先生が丸めてくれた赤土を、両手で包み込む

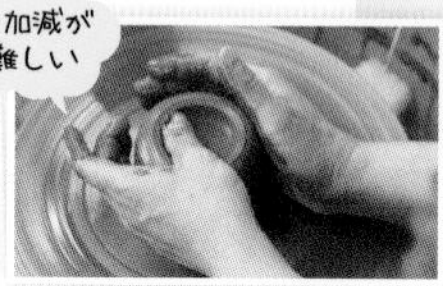

ろくろに慣れてきたら、親指に少しずつ力を入れ、器にしていく。力加減を間違えると一気に崩れてしまう

器の形ができたら、縁を薄く高く延ばし、好みのデザインに。模様や名前を入れることもできる。1ヵ月後に焼き上がり、手元に到着

無名異焼
北沢窯代表
其田和彦さん

相川技能伝承展示館 MAP P.86B1 所要 約1時間 交 両津港から車で約1時間。または❶相川博物館前から徒歩約1分 住 佐渡市相川北沢町2 電 (0259)74-4313 時 9:00～、10:00～、11:00～、13:30～、14:30～、15:30～ 休 12～2月の土・日曜、祝日 料 1530～1830円 駐車場 あり 予約 必要

ねまり機でのんびり機織り

裂き織り体験

裂き織りは、浴衣や着物を細かく割いて横糸とし、仕事着などに再利用したエコな機織り。江戸時代から外海府地方に伝わる、ねまり機と呼ばれる織機に腰掛けて、約2時間で30cmほどの布が完成。ランチョンマットなどに利用できる。バタン、バタンと響く軽快なリズムが心地よい。

床に座るような低い姿勢で作業するねまり機。足も使って機を織る

山本悦子さん

ねまり機に座り、腰当てなどを装着。縦糸はあらかじめセットされているので、好みの横糸を選び、糸かけに巻き縦糸の間を通す

糸かけを抜き、杼(ひ)と呼ばれる棒を打ち込んで織目を詰める。このあとまた横糸を通すために、足を使って縦糸を入れ替える。ここが難しくておもしろい

約2時間かけて30cmほどの布が完成。横糸を替えることで模様ができ、自分だけの1枚に。縫って小物入れにも

相川技能伝承展示館 MAP P.86B1 所要 約2時間 交 両津港から車で約1時間。または❶相川博物館前から徒歩約1分 住 佐渡市相川北沢町2 電 (0259)74-4313 時 9:00～14:00 休 12～2月の土・日曜、祝日 料 1800円 駐車場 あり 予約 必要

voice ねまり機の「ねまり」とは佐渡の方言で「座る」を意味し、漢字で書くと「座機」。江戸時代に西日本から伝わり、外海府地方の漁民が防寒具や漁網を織っていた。一般的な高機（たちばた）に比べて丈夫な布ができる。

全身を使って　ドン♪　ドン♪

太鼓体験

佐渡を拠点に国際的に活動する鼓童（こどう）のスタッフと楽しむ太鼓プログラム。バチを握り全身を使ってたたいていると、音とリズムが体の芯に染みわたり、気づけばみんな笑顔になっている。約1時間の体験で大人も子供もくたくた。心地よい疲労感を味わえる。ファミリーやグループにもおすすめ。

新潟産のケヤキから生まれた巨大原木太鼓

飛んだり跳ねたりしながらバチを振る

みんなでたたける太鼓「ぶたばなちゃん」

太鼓の内側も見えるよ♪

みんな笑顔でリズムに乗って♪

たたこう館 体験講師
よねちゃん

佐渡太鼓体験交流館（たたこう館） MAP 折り込み③ A1 所要 約1時間 交 小木港から車で約10分。または❶佐渡太鼓体験交流館からすぐ 住 佐渡市小木金田新田150-3 電 (0259) 86-2320 時 11:00～、13:30～ 休 月曜（祝日の場合は火曜） 料 2500円、小学生1500円 予約 3日前までに必要（ウェブサイトより） 駐車場 あり カード 可 URL www.sadotaiken.jp

愛嬌たっぷりのユニークな人形

のろま人形絵付け体験

のろま人形は佐渡に伝わる人形芝居で、国の重要無形民俗文化財に指定されている庶民の娯楽。絵付け体験では石膏でできた人形に顔を描く。登場人物は主役の木之助、人のよい長者、男好きなお花、ずる賢い仏師の4人。実際の人形よりも小さいので細かい作業になるが、描く人ごとに異なる個性的な表情に仕上がる。

4体を順番に乾かしながら細かい表情を描いていく

ちょっと怖い!?
のろま人形

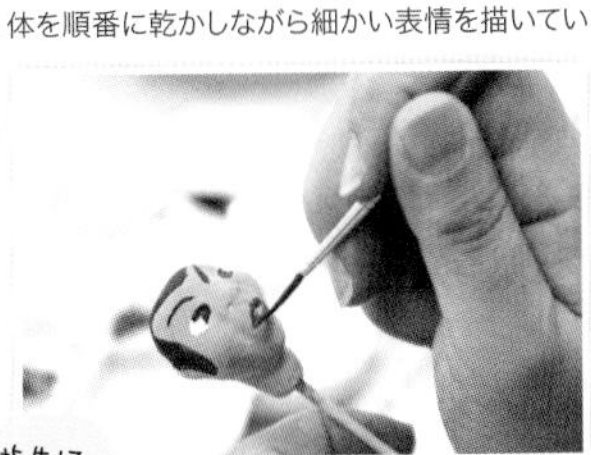

指先に集中！

目や口など顔の表情は、少しぶれただけで印象が変わってくる。腕を固定して、筆先を使って描くとよい

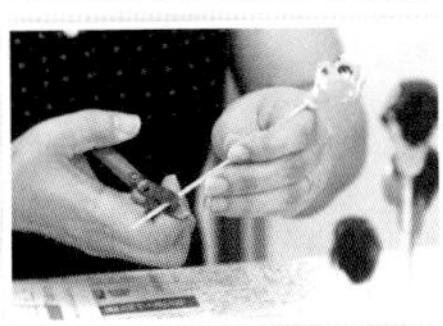

顔が描けたら、4体の人形に段差がつくように竹ひごを切って長さを変える

最後にニスを塗ってコーティング。乾いたら完成！ 箱に入れてくれるので、自分へのおみやげにも最適

自由に描いてOKよ

潮津の里スタッフ
渡辺千代美さん

潮津の里 MAP 折り込み④ B3 所要 約2時間 交 小木港から車で約40分。または❶背合から徒歩約3分 住 佐渡市背合38 電 (0259) 55-3311 時 9:00～17:00 休 不定休 料 1650円 駐車場 あり URL shiodusado.com 予約 3日前までに必要

voice＜ のろま人形絵付け体験を行っている潮津の里では、ほかにもさまざまな体験プランを用意している。人気の石細工や籐籠作りをはじめ、スノーケリングや磯釣りといったマリンアクティビティも充実している。

透明度抜群の日本海で遊ぼう！

絶品ビーチ巡り

二ツ亀海水浴場
ふたつがめかいすいよくじょう

快水浴場百選にも名を連ねる佐渡を代表するビーチ。潮が引くと海から砂の道が浮かび上がる。

MAP 折り込み④ C1　交 両津港から車で約 50 分。または🅑二ツ亀から徒歩約 10 分

トイレ シャワー 更衣室 売店 監視員 駐車場

トイレ　シャワー　更衣室　売店　監視員　駐車場

※監視員は 7 月中旬から 8 月中旬の夏季のみ。常駐時間が限られるので注意。売店の営業も夏季に限られることが多い

赤亀・風島なぎさ公園
あかがめ・かざしまなぎさこうえん

赤亀岩と風島弁天という岩礁の間が穏やかな湾になっており、砂浜と岩場が延びる。磯遊びも楽しめるのが魅力。

MAP 折り込み④ C3　交 両津港から車で約 40 分。または🅑風島から徒歩約 10 分

トイレ シャワー 更衣室 駐車場

達者海水浴場
たっしゃかいすいよくじょう

尖閣湾の一角、堤防に守られた静かな海水浴場。透明度が高い海に沿って白砂が延びる。

MAP 折り込み② B1　交 きらりうむ佐渡から車で約 10 分。または🅑尖閣湾達者から徒歩約 1 分

トイレ シャワー 更衣室 監視員 駐車場

平沢海岸
ひらさわかいがん

両津港から近いこぢんまりとしたビーチ。緑が豊かでのんびり過ごせる雰囲気。

MAP 折り込み① A1

交 両津港から車で約 10 分。または🅑平沢から徒歩約 3 分

トイレ シャワー 駐車場

入崎海水浴場
にゅうざきかいすいよくじょう

細かい砂と小石のビーチ。クリアな海ではスノーケリングや釣りも楽しめる。

MAP 折り込み④ B2　交 きらりうむ佐渡から車で約 30 分。または🅑入崎から徒歩約 1 分

トイレ シャワー 更衣室 売店 監視員 駐車場

佐和田海水浴場
さわたかいすいよくじょう

真野湾に面して約 4km にわたり延びる遠浅ビーチ。アクセスがよいため家族連れも多い。

MAP P.80B1　交 両津港から車で約 40 分。または🅑河原田本町から徒歩約 5 分

トイレ シャワー 更衣室 売店 監視員 駐車場

真野長石海岸 まのながいしかいがん

真野湾に延びるビーチで、市街地からのアクセスがよいためイベントの会場になることも。

MAP P.80B2　交 両津港から車で約 30 分。または🅑真野新町から徒歩約 5 分

トイレ シャワー 更衣室 駐車場

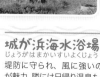

城が浜海水浴場
じょうがはまかいすいよくじょう

堤防に守られ、風に強いのが魅力。隣には日帰り温泉も。

MAP 折り込み④ B4　交 小木港から車で約 30 分。または🅑サンライズ城が浜から徒歩約 2 分

トイレ シャワー 更衣室 売店 監視員 駐車場

素浜海水浴場 そばまかいすいよくじょう

遠浅の海に沿って約 4km にわたって幅の広い砂浜が延びる。バックには小木半島の美景が。

MAP 折り込み④ B4　交 小木港から車で約 20 分。または🅑素浜海水浴場からすぐ

トイレ シャワー 更衣室 売店 監視員 駐車場

voice＜ 佐渡にはキャンプ場併設の海水浴場が多い。ここで紹介しているなかでは、二ツ亀海水浴場、赤亀・風島なぎさ公園、入崎海水浴場、素浜海水浴場、佐和田海水浴場（近くに窪田キャンプ場）にキャンプ場が隣接している。

自然に向き合い暮らすように過ごす

体験型の民宿に泊まろう

体験型の民宿や民家での宿泊は、
全国的に注目されている新しい旅のスタイル。
民宿のお父さん、お母さんとの会話を楽しみながら、
島の暮らしに触れる休日を！

植田日出夫さん、
美智子さん

上／米に米麹などを混ぜ、発酵させたどぶろくが名物
右／酒米の越淡麗を使ったさわやかな味わいのどぶろく

佐渡の
竹からは良質な
竹炭ができる！

佐渡に自生する竹を使って竹炭を作る

広々とした和室は家族やグループにも

左／民宿の前にも野菜が植えられている
右／夏はさまざまな野菜やフルーツが収穫できる

農家の宿

金井

民宿 植えた

みんしゅく うえた

自家製どぶろくも楽しみな民家ステイ

のどかな国中平野に立つ民家を１日１組で貸し切り。親戚の家に遊びに来たような居心地のよさが魅力。「佐渡トキめき濁酒特区」の酒造免許を取得しており、滞在中は自家製どぶろく（900円／300mℓ）を味わえるほか、タイミングが合えば製造の手伝いも。「なるべく佐渡で食べているものを」というこだわりのもと、地の食材をふんだんに使った料理を出してくれる。

MAP 折り込み④ B3
交 両津港から車で約20分。または❶金井から徒歩約５分
住 佐渡市中興乙1464　電 (0259)63-3561
料 素4500円～、朝5500円～、朝夕8500円～
客室数 1室　駐車場 あり　カード 可

こんな体験ができます

佐渡野菜を収穫！

いろいろな野菜を作っているので、
収穫を手伝ってくださいね！

春は稲の植え付け、夏は野菜の収穫、秋は稲刈りやおけさ柿の収穫など、希望者は季節ごとに農作業が手伝える。佐渡産の竹を使った竹炭作りにも挑戦！

voice＜ 佐渡はチヌの愛称で釣り人に好まれるクロダイの好ポイント。一般的にはオキアミなどを餌にするが、夏から秋にかけての高水温期はスイカを餌にするスイカ釣りなる技法も。スイカの赤い部分を砂糖で締めて使うのだが、高確率で大物が釣れるそう。

トキの郷で醸す日本酒

佐渡の酒蔵探訪

佐渡ほろ酔い歩き♪

トキを育む豊かな自然のなかで、米、水、人にこだわり醸造される佐渡の日本酒。
世界的に評価された銘酒から、地元でしか手に入らない地酒まで、佐渡の5酒造を紹介!

四宝和醸で守る酒造り

尾畑酒造

1892年の創業以来、手造りにこだわる尾畑酒造。米、水、人に佐渡を加えた、4つの宝の和を表す「四宝和醸」をモットーに、調和のとれた日本酒を追求。盃を重ねるごとにうま味が増すようなやわらかく優しい味わいを実現。世界最大のワイン品評会の日本酒部門で金賞を取るなど、海外でも高い評価を得ている。

大吟醸 真野鶴 万穂

酒ケーキや粕漬けも人気です

扇谷寿美子さん

1.8ℓ 1万1000円

0〜+2 ◆やや甘口

見学のPoint
酒蔵を改装した店内で、酒造りを見学。特製の酒ケーキや、自家製の粕漬けも

世界最高権威のワイン品評会「インターナショナル・ワイン・チャレンジ」の日本酒部門で金賞を獲得した逸品。少し冷やして、フルーティな香りとまろやかな口当たりを楽しみたい。

ほのかにお酒の香りが漂う

蔵の中のSHOPコーナー。いろいろな日本酒の試飲ができる

MAP P.80B3 交 両津港から車で約30分。または❶真野新町から徒歩約5分 住 佐渡市真野新町449 電 (0259)55-3171 時 9:00〜16:00 料 見学無料(大人数は要予約) 休 なし 駐車場 あり カード 可 URL www.obata-shuzo.com

最新技術が育む最高品質

天領盃酒造

最先端の機械設備によって、高品質の酒を造る天領盃酒造。麹菌と酵母を最良の状態で維持するため、人の手に触れないように温度や発酵を厳しく管理。佐渡の米と金北山からの水の、素材のうま味を究極まで抽出している。ばらつきがなく、いつ飲んでもおいしい、自然と最新技術が融合した日本酒。

雅楽代(うたしろ) 純米吟醸

ノンアルコールの甘酒も好評です

加登仙一さん

1.8ℓ 3300円

日本酒度非公開

見学のPoint
日本に数台の精米機や、最先端の貯蔵タンクなど、貴重な設備を見学できる

「お客様の楽しいひと時を演出する」をコンセプトにした新ブランド。甘味と酸味がバランスよく口の中に広がるフレッシュな風味が魅力。穏やかな香りが料理を引き立てる、上品できれいな酒。

精米機を見上げる!

巨大な精米機。米の微妙な削り具合を調整する

MAP 折り込み① A1 交 両津港から車で約8分。または❶境から徒歩約1分 住 佐渡市加茂歌代458 電 (0259)23-2111 時 9:00〜17:00 料 見学無料(大人数は要予約) 休 不定休 駐車場 あり URL tenryohai.co.jp

明治初期から続く手仕込み

逸見酒造

明治維新から間もない1872年、農業を稼業としていた初代が、自作の米を加工して始まった逸見酒造。5代目が杜氏を担う現在も、米にこだわり、余計な手は加えず、日本酒がもつ本来の味と香りを大切にした素顔の美酒として支持されている。小さな蔵なので仕込み量が少なく、希少価値が高い。

山廃純米大吟醸 真稜(しんりょう)

佐渡唯一の山廃仕込みをお試しください

逸見明正さん

1.8ℓ 4054円

0〜+3 ◆やや辛口

見学のPoint
明治時代からの技を守る素朴な酒蔵所。杜氏の感性を大切に酒が造られる

明治初期からの伝統の山廃仕込みで、ていねいに醸された日本酒。米のうま味の中にほどよい酸味が広がり、じっくりと向き合いながら味わうことができる。冷やからぬる燗で。

米を蒸す和釜

機械ではなく和釜を使いていねいに米を蒸す

MAP P.80C2 交 両津港から車で約30分。または❶長石から徒歩約5分 住 佐渡市長石84-甲 電 (0259)55-2046 時 8:00〜17:00 料 見学無料(4〜8月。要予約) 休 不定休 駐車場 あり URL henmisyuzo.com

voice 日本酒の醸造に欠かせないのが米と水。日本海に囲まれた佐渡は、対馬海流からの潮風を浴びて良質の酒米ができる。また大佐渡山地を覆う雪は地中深く染み込み、大自然のフィルターを通して水がわき出す。これが美酒の島と呼ばれるゆえん。

日本酒度の目安 下の表は、日本酒度から甘辛度を判断する目安です。実際の味わいは酸度やアルコール度などで変化します。

＋6.0以上	＋3.5〜＋5.9	＋1.5〜＋3.4	−1.4〜＋1.4	−1.5〜−3.4	−3.5〜−5.9	−6.0以下
大辛口	辛口	やや辛口	普通	やや甘口	甘口	大甘口

世界に認められた佐渡ブランド

北雪酒造

豊かな佐渡の自然を生かし、原材料にこだわった日本酒を醸す北雪酒造。棚田を利用して契約栽培される酒米は、農薬や化学肥料を大幅に減らした朱鷺認証米。酒造りに情熱を注ぐ蔵人により醸された北雪が、世界に展開する創作和食店NOBUで採用されるなど、国内外で高い評価を得ている。

北雪(ほくせつ) 純米大吟醸 越淡麗

1.8ℓ
5400円
+3
◆やや辛口

佐渡の豊かな自然を感じてください

羽豆有希子さん

見学のPoint
オーク樽や貯蔵タンクが並ぶ酒蔵を見学。フルオーダーの日本酒も醸造できる

酒米に朱鷺認証米の越淡麗を100%使用した純米大吟醸。ふくよかな味わいながらスッキリとした後口で、料理をじゃませずワインのように楽しめる。10〜15℃の冷やが最適。

超音波で酒を熟成

超音波をあてることでまろやかな味わいに

MAP 折り込み④B4 交 小木港から車で約30分。または🅑赤泊漁協前から徒歩約2分 住 佐渡市徳和2377-2 電 (0259)87-3105 時 9:00〜16:30 料 見学無料(要予約) 休 無休 駐車場 あり カード 可 URL sake-hokusetsu.com

さどうぢもんの愛す酒

加藤酒造店

米と水にこだわり、手間暇かけた製法を守り続ける加藤酒造。年間900石の小規模生産のなかで、約7割を佐渡で販売。市内の飲食店はもちろん、家庭の晩酌用として愛される。残りのうち半数は新潟で消費されるため、県外に出回るのは、一升瓶にしてわずか1万本程度。希少な酒として、日本酒ファンが注目する。

本醸造 金鶴(きんつる)

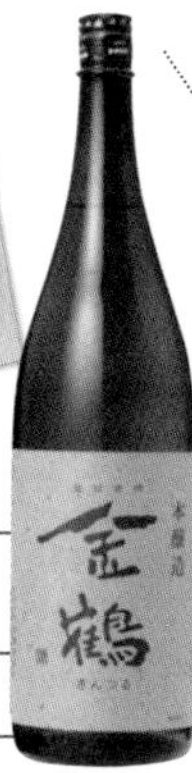

1.8ℓ
2077円
+6
◆大辛口

晩酌用として気軽に味わってください

髙橋ふみ子さん

1993年に良水を求めて製造の場を移転。販売店とは別なので見学は行っていない

佐渡の家庭で晩酌用として親しまれる定番酒。淡麗で辛口ながら米や麹のうま味が香り、飲み飽きせずどんな料理にもピッタリ。ぬる燗がおすすめ。

杉でできた製麹室

杉の製麹室で手作業にて行われる麹の仕込み

MAP P.80A1 交 両津港から車で約30分。または🅑五十里城ノ下から徒歩約2分 住 佐渡市沢根炭屋町50(販売店) 電 (0259) 52-6511 時 9:00〜19:00 ※見学不可 休 不定休 駐車場 あり URL katoshuzoten.com

酒蔵見学に参加しよう!

酒蔵を見学できるのは、尾畑酒造、天領盃酒造、逸見酒造、北雪酒造。各酒造所のこだわりを、目と耳、そして舌で体験して。

日本酒ができるまで

スタッフの案内で酒蔵内を見学。酒米を精米して蒸し、麹や水を加えて仕込み、もろみを搾って濾過。熟成させて瓶詰め、が大まかな流れ。

麹の香りがふんわり

同じ日本酒でも、酒造所ごとに製法や機械にこだわりがある。麹が香る仕込み蔵や、巨大な貯蔵タンクが見どころ。

見学後はもちろん試飲!

見学後は、やっぱり試飲。代表的な銘柄はもちろん、搾りたてや甘酒、粕漬けなど、酒造所ならではの楽しみが。

おけさ柿の果実酒

おけさ酒造

ここに紹介している佐渡の酒蔵所が合同で立ち上げた、おけさ酒造。名産のおけさ柿を中心に、佐渡の果物を使用したワインやリキュールを製造販売している。港のターミナルなど、各所のみやげ物店で購入できる。

柿の酒 720mℓ:1500円(左)
米や麹を使用せず、おけさ柿を発酵させた酒。甘味があるので冷酒で

柿わいん 500mℓ:1500円(右)
ビタミンCたっぷりの、おけさ柿の果汁100%ワイン。少し甘め

住 佐渡市窪田798(製造所)
電 (0259) 57-2539

voice 多くの酒造所で酒米として使用されている越淡麗(こしたんれい)。新潟県での栽培に適すようにと五百万石と山田錦を交配させ、1989年から16年もの歳月をかけて開発された品種。五百万石のスッキリとした後味と山田錦のふくよかな味わいを併せもつ。

市井の人々の暮らしに溶け込んだ伝統芸能

佐渡・能の世界

江戸時代に広まった能が今も伝わる

佐渡に能が広まったのは江戸時代の初め。金山開発のために佐渡を訪れた初代佐渡奉行の大久保石見守長安が、ふたりの能太夫を連れてきたことに始まるといわれる。能太夫は佐渡に残り、多くの弟子を輩出して後に島内に広がっていく民間能の礎を作った。記録としては、1645年（正保2年）に相川の春日神社祭礼に奉納された能が最古のものとされる。

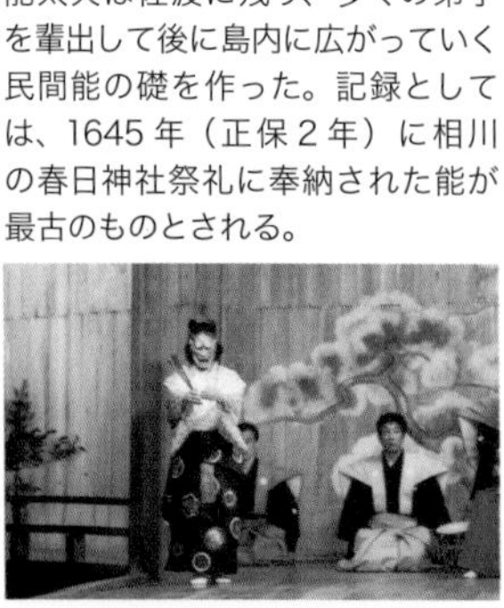

能の大成者といわれる世阿弥が島流しにあったのは1434年なので、その影響は少ない

島民の娯楽として独自に進化を遂げる

江戸時代の佐渡は大名のいない天領で、武士も少ない特殊な環境下にあった。そのため武士の式楽だった能が、島民にも浸透していったと考えられる。江戸時代初期に本間家初代の秀信が宝生流を開くと能は島内全域に広がり、村の人々が自ら演じる民間能として発展。農民が畑仕事をしながら謡曲を口ずさんだほど、能は庶民の生活に溶け込んでいた。

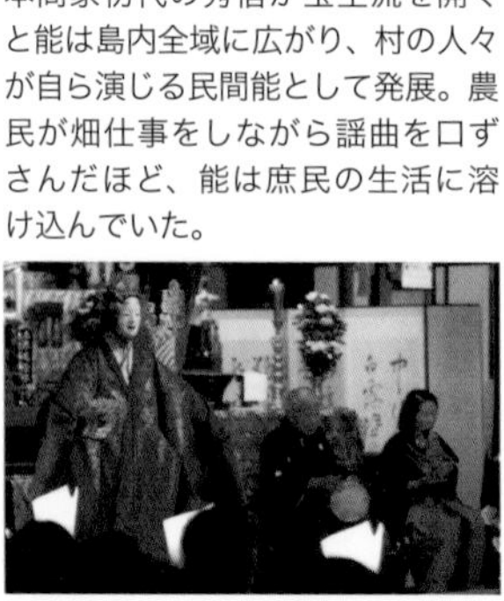

佐渡の能は、1613年に本間秀信が宝生流の能太夫となって佐渡に戻ったことから広がった

日本にある能舞台の3分の1が佐渡に集中

佐渡の能が最も盛んだった明治時代には、島内に村の数と同じ200ほどの能舞台があったといわれる。そのほとんどは村のよりどころであり共有財産でもある神社の境内に建てられており、能が神に奉納する神事だったことがうかがえる。その後、庶民の娯楽という側面をもつようになった能は、佐渡の人々に愛され続け、現在でも島内に36の能舞台が残されている。

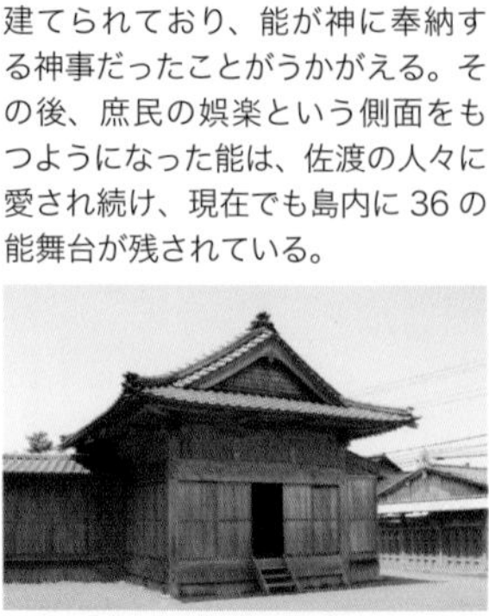

佐渡に建てられた能舞台のほとんどが、神社の拝殿を兼ねたものや付属するものだった

voice＜ 新能や正方寺ろうそく能の日程に合わせて、主要な旅館やバス停を回る新能ライナーバスが運行される。バスは予約制で定員の40人が満席になり次第締め切り。前日の17:00までに電話で申し込む（500円）。問新潟交通佐渡☎(0259) 52-3200

武家の式楽・教養として発展した能だが、佐渡の能は庶民が楽しむもの。
今でも30以上の能舞台が残り、気楽に見られる娯楽として愛されている。

佐渡の能舞台

牛尾神社　能舞台

緑豊かな境内にたたずむ能舞台。由緒正しい国中四所の御能場のひとつ。

MAP 折り込み① B2　交 両津港から車で約10分。または❶能楽の里前から徒歩約5分
住 佐渡市新穂潟上　電 (0259)22-2237

椎崎諏訪神社　能舞台

加茂湖を見渡す高台にある能舞台。県の有形民俗文化財に指定されている。

MAP 折り込み①B1　交 両津港から車で約5分。または❶椎崎温泉前から徒歩約3分　住 佐渡市原黒　電 (0259)27-5000（佐渡観光交流機構）

大膳神社　能舞台

佐渡の能舞台のなかでは最も古い。舞台には松を照らす日輪が描かれる。

MAP P.80C2　交 両津港から車で約30分。または❶竹田橋から徒歩約10分
住 佐渡市竹田　電 (0259)55-2953

本間家　能舞台

今では佐渡で唯一の個人所有の能舞台。定例能以外では一般公開していない。

MAP 折り込み① B2　交 両津港から車で約10分。または❶能楽の里前からすぐ
住 佐渡市吾潟　電 (0259)23-2888

佐渡で能を見るには どうすればよい？

佐渡の能はほとんどが屋外で上演される。たいてい能舞台の前にブルーシートが敷かれ、その上に座って観るのが一般的。無料のものと有料のものがあり予約は必要なし。演能があるのは4～10月で、特に6月は能月間として多くの能が開催される。薪能と呼ばれる夜の演能もあり、暗闇に包まれた能舞台で演じられる幽玄の世界にどっぷりと浸かれる。

民間能楽に影響を与えた本間家は、今でも佐渡宝生流の宗家として伝統を守り続けている

おもな能舞台のスケジュール（2020年）

日時	名称	会場	薪能
4月18日（土）14:00～	大膳神社例祭奉納能	大膳神社能舞台	
5月5日（火）19:30～	天領佐渡両津薪能	椎崎諏訪神社能舞台	○
6月6日（土）19:30～	天領佐渡両津薪能	椎崎諏訪神社能舞台	○
6月7日（日）19:00～	大膳神社薪能・鷺流狂言	大膳神社能舞台	○
6月12日（金）19:00～	牛尾神社宵宮奉納薪能	牛尾神社能舞台	○
6月13日（土）19:30～	春日神社薪能	春日神社能舞台	○
6月15日（月）18:00～	草苅神社薪能・鷺流狂言	草苅神社能舞台	○
6月20日（土）18:30～	正法寺ろうそく能	正法寺	
7月3日（金）14:00～	日野公忌例祭奉納能	阿仏房妙宣寺	
7月4日（土）19:30～	天領佐渡両津薪能	椎崎諏訪神社能舞台	○
8月14日（金）18:00～	海洋薪能	多田漁港	○
8月20日（木）19:00～	春日神社能舞台公演ECプレイベント	春日神社能舞台	○
8月22日（土）18:00～	二宮神社薪能	二宮神社能舞台	○
8月23日（日）11:00～	世阿弥供養祭	金井能楽堂	
8月30日（日）18:30～	加茂神社夜能	加茂神社能舞台	
9月7日（月）18:00～	草刈神社夜能	草刈神社能舞台	
9月12日（土）19:30～	天領佐渡両津薪能	椎崎諏訪神社能舞台	○
10月3日（土）19:30～	天領佐渡両津薪能	椎崎諏訪神社能舞台	○

※ 2020年のスケジュール。新型コロナウイルスの影響で中止になった能もあります。また無料のものと有料のものがあります。最新の情報は佐渡観光交流機構（→ P.125）にお問い合わせください。○印は薪能です。

voice< 佐渡に多くの能舞台が残っている理由のひとつに、村ごとに競って能舞台を作ったということが挙げられる。そのため現存する能舞台もサイズが違っていたり、あるべきものがなかったり、ないはずのものが付いていたり……個性豊かなのがおもしろい。

佐渡 島人インタビュー 3
Islanders' Interview

お楽しみの能で終わらず、
伝習芸としてきちんと演じることも大切でしょう

佐渡の能を識る会　代表　**近藤 利弘**（こんどう としひろ）さん

島の魅力を発信するため 島民も能について学ぶべき

江戸時代に島内に広がった佐渡の能は、庶民の生活に溶け込み守られ続けてきた。今でも日本の能舞台の３分の１は佐渡にあり、島民の日常のなかに息づいている。

「近隣縁者の集いに、謡曲の一節を謡い舞えないと恥ずかしいという時代もあったくらい、佐渡は能が盛んな場所です」と語るのは、佐渡の能を識る会代表の近藤利弘さん。

「能は久しく特権階級、権力者のものでした。それが佐渡では大衆、庶民のものとして広がった。そんなすごい文化が島に息づいているということを、島民が理解し発信していくべきだと思うんです」

佐渡の能を理解するためには、佐渡の歴史を学ぶなど、島民も勉強することが必要と近藤さんは言う。

「能を知るというのは、風土に根ざした島の魅力を紡ぎ出すための手段。つまり地元を元気にすることにつながるんですよ」

かつては200以上の能舞台があったという佐渡。現在でも庶民による庶民が楽しめる能として親しまれている

さまざまな活動により 佐渡の能を守り伝える

佐渡の能を識る会の活動のひとつに、６月に開催される「正法寺ろうそく能」がある。能の大成者、世阿弥ゆかりの地で能に取り組むことには大きな意味があるという。

「大成されたものを、本来の奉納という形で演じてもらう。お楽しみの能で終わらず、伝習芸としてきちんと演じることも大切でしょう」と近藤さん。ゆらめくろうそくの明かりのなか、正法寺の本堂で上演される能は、耽美で幻想的な催しとして評判を呼んでいる。

また庶民の能という性格をよく表しているのが女性による能。

「通常、能は男性によって演じられますが、庶民に広がった佐渡では女性との関わりが強いんです」と近藤さん。各流派から集まった女性だけでシテ、ワキ、狂言、囃子のすべてを構成。年に１回、能を披露している。これは能が特殊な形で広がった佐渡ならではのことだ。

さらに後継者の育成にも力を注ぐ。その一環として「さわってみよう佐渡のお能」と題し、子供から参加できる体験活動を行っている。

「次世代へのレール敷きは大切です。育てなければね。そのきっかけ作りになればと思っています」

大きな島に魅力がいっぱい♪

佐渡の歩き方

Area Guide

玄関口となる両津や佐渡金山で栄えた相川、
石畳が残る宿根木など、さまざまな表情を見せる佐渡。
どこに泊まって何をするか、エリアガイドをお届け。

豊かな自然が造り上げた奇跡の景観

佐渡を彩る絶景スポット10

南北にふたつの山地が走り、その間に延々と続く広大な平野、外に目を向けると海岸には荒波にもまれた奇岩が連なる。佐渡の大自然のなかで迫力の絶景と心和ませる美景に出合う。

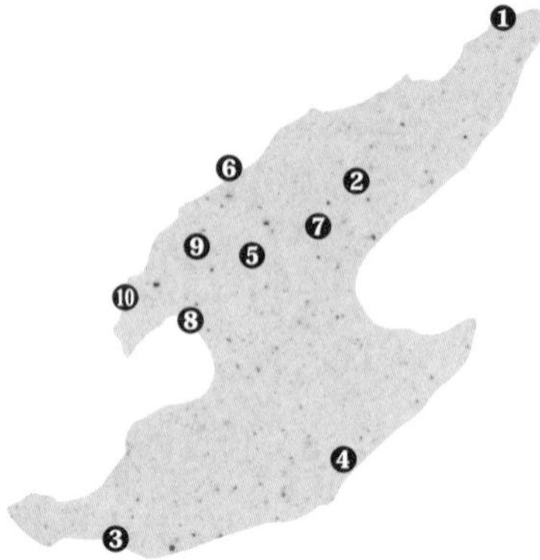

❶大野亀

MAP 折り込み④ B1

島の北端から海に向かって突き出した167mの岩。緑に覆われた奇岩の頂上には善宝寺石塔が立ち地域の信仰を集めている。5月下旬から6月上旬に咲くトビシマカンゾウが見事。→ P.96

❷大佐渡石名天然杉

MAP 折り込み④ B2

石名地区に設けられた遊歩道は、樹齢300～400年の巨大な天然杉の宝庫。四方八方に枝を伸ばした姿は芸術的。→ P.41

❸矢島・経島

MAP 折り込み③ B2

朱の橋が印象的な箱庭のような景観。古くは矢竹の産地で知られ、源頼政がヌエ退治に使った矢を矢島の双生竹から作ったという伝説も。→ P.93

❹岩首の棚田

MAP 折り込み④ C3

昇り竜のように山間に延びる棚田。標高350mから真っ青な海を望むランドスケープが美しい。江戸時代から受け継がれた自然遺産は、日本の原風景として注目されている。→ P.53

❻尖閣湾

MAP 折り込み② B1

高さ 30m 前後の絶壁が入り組んで連なるダイナミックな海岸線。波風に削られた大自然のアートは美しいだけでなく神秘的でもある。→ P.56

❼大佐渡山地縦走路

MAP 折り込み④ B2

大佐渡山地の縦走は佐渡を代表するトレッキングルート。稜線の左右に海が見えるというのは島ならでは。→ P.38

❺白雲台

MAP 折り込み④ B2

大佐渡スカイラインの入口に立つ交流センターは、眼下に国中平野が広がる展望台。海と湖に挟まれた両津も一望できる。→ P.72

❽星空

街灯の届かない場所で空を眺めると、降ってきそうな満天の星が広がる。事前に季節の星座を予習しておくと楽しめる。

❾道遊の割戸

MAP 折り込み② B2

人工的に掘られた金鉱脈の露頭掘跡。山の中央からV字型に切り込みが入った壮大な景観は、佐渡金山のシンボル。→ P.51

❿夫婦岩

MAP 折り込み② A3

七浦海岸の寄り添うふたつの岩を、男女に見立てた景勝地。夕日の好スポットとしても知られている。→ P.87

MAP 折り込み④ B2 ～ B3

両津・国中平野

（りょうつ・くになかへいや）

カーフェリーやジェットフォイルが就航する両津は、佐渡の表玄関であり多くの人でにぎわう観光の起点でもある。隣接する国中平野には、のどかな田園風景が広がる。

観る・遊ぶ

歴史に彩られた佐渡の中心地

両津周辺には加茂湖や東海岸、ドンデン山など景観のよい観光スポットが点在。隣の新穂はトキの生息地として知られている。雄大な自然に圧倒される国中平野は、複雑な歴史に育まれた史跡も多く、日蓮や世阿弥ゆかりの寺院、彼らが着岸した湾などが残る。

買　う

定番みやげが充実した両津港が便利

効率的におみやげを探すなら、両津港のシータウン商店街が便利。通路の両側にみやげ物店が並び、海産物やお菓子、地酒など定番みやげが揃う。椿屋陶芸館（→ P.77）は佐渡の窯元の作品が買えるとあって人気。漁協の直売所（→ P.77）など個性的な店も。

食べる・飲む

港周辺や市街地に食事処が集中

両津湾と加茂湖に挟まれ細長く延びるのが両津の市街地。商店街やその周辺に多くの飲食店が集まる。特に神明町通りや八郎平町通りは居酒屋が集中している。港周辺にはレストランやカフェが多い。

泊まる

宿泊施設は加茂湖周辺に点在

加茂湖の畔に中～大型の温泉旅館が点在。眺めのよい大浴場でのんびりしながら優雅な休日を過ごせる。また市街地にはこぢんまりとした旅館が多く、地元客に愛される寿司屋や居酒屋に入ってみるのも楽しい。

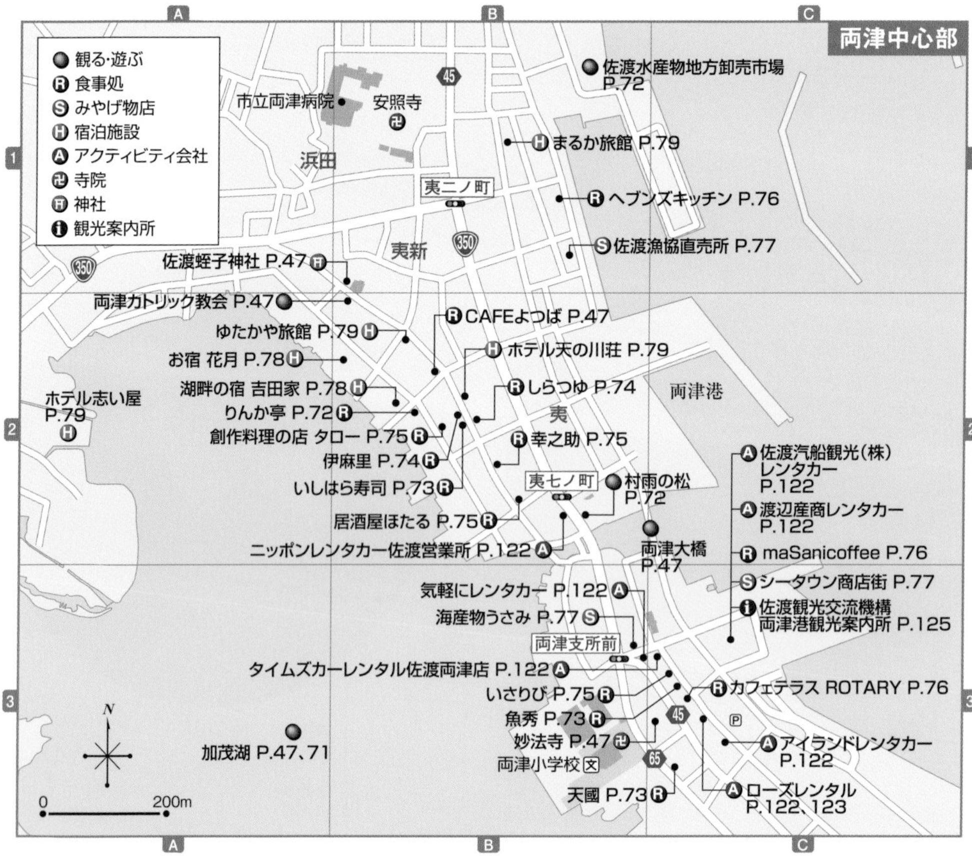

VOICE　佐渡の紅葉は 10 月下旬から 11 月初旬が見頃。小佐渡の中央部にそびえる男神山、女神山の斜面が色とりどりに染まり、そのあたりは紅葉山公園と呼ばれ多くの観光客でにぎわう。

展望台　エリア 新穂　MAP 折り込み① B3

トキのテラス
ときのてらす

里山に暮らす野生のトキが見られるかも？

放鳥されたトキが暮らす森に隣接する施設。屋上からは水田が広がる国中平野を一望できる。屋内の観察室には望遠鏡が設置され、トキの生態についての資料も展示されている。

上／国中平野の向こうには金北山など大佐渡山地が連なる
左下／トキについて学べる展示
右下／2階に屋内観察室がある

交 両津港から車で約 20 分　住 佐渡市新穂正明寺 1277
電 (0259) 24-6151　時 9:00 ～ 17:00（12 ～ 3 月は～ 16:00）
※屋上は 24 時間　休 なし　料 無料　駐車場 あり

寺院　エリア 新穂　MAP 折り込み④ B3

清水寺
せいすいじ

樹木に覆われてたたずむ救世殿が神秘的

808 年開基と伝わる古刹。仁王門をくぐると苔むした石段が続き、上りきった先には京都の清水寺を模した救世殿が鎮座する。京都の清水寺と同じ千手観世音菩薩を本尊に祀る。

上／舞台がテラスのように張り出した救世殿
左下／内庭を挟み大講堂や長屋門が並ぶ
右下／仁王門から山門への参道に石段が連なる

交 両津港から車で約 30 分　住 佐渡市新穂大野 124-1
電 (0259) 22-2167　駐車場 あり　URL www.sado-seisuiji.jp

寺院　エリア 畑野　MAP 折り込み④ B3

長谷寺
ちょうこくじ

インパクト大のウサギ観音で話題に

本尊の十一面観音立像をはじめ、多くの文化財をもつ由緒ある寺。境内の雑草を食べるウサギにちなみ、観音様を胴体に刻んだウサギ像が祀られている。写経や座禅などの体験コースも。

上／御影石を使う高さ 6 m のウサギ観音　左下／境内には放し飼いのウサギが
右下／2 体の金剛力士像に守られた仁王門

交 両津港から車で約 30 分。または🅑長谷から徒歩約 1 分　住 佐渡市長谷 13　電 (0259) 66-2052　時 8:30 ～ 17:00　休 なし
駐車場 あり　URL sado-choukokuji.jp

神社　エリア 新穂　MAP 折り込み① A3

日吉神社
ひよしじんじゃ

地域の人々に親しまれる郷社

緑豊かな境内に本殿がたたずむ、山王さんの名で親しまれる郷社。毎年 4 月中旬の山王まつりは 800 年近い歴史を誇り、鬼太鼓や流鏑馬などが奉納される。

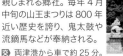

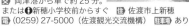

交 両津港から車で約 25 分。または🅑新穂小学校前からすぐ　住 佐渡市上新穂
電 (0259) 27-5000（佐渡観光交流機構）　駐車場 あり

湖　エリア 両津　MAP P.70A3

加茂湖
かもこ

カキ棚の筏が浮かぶ秀麗な湖

周囲17km、面積4.9km²の新潟県で最も大きな湖。もとは淡水だったが、1903 年（明治 36 年）、氾濫を防ぐため海とつなげたことで汽水湖になった。カキの養殖が盛んに行われている。

交 両津港から徒歩約 5 分
電 (0259) 27-5000（佐渡観光交流機構）

voice＜ 佐渡の民話。お弁という娘が、恋仲の藤吉を慕い柏崎までたらい舟で通っていた。ところが妻子もある藤吉はだんだん恐ろしくなり、ある晩、常夜灯を消してしまった。目印を失ったお弁は溺れ死ぬ。そして後悔の念にさいなまれた藤吉も後を追ったという。

市場　エリア 両津　MAP P.70B1

佐渡水産物地方卸売市場
さどすいさんぶつちほうおろしうりいちば

佐渡が誇る海の幸が大集合

佐渡全域から取れたての海産物が集まる、島内唯一の共同魚市場。ピチピチのスルメイカやブリが並ぶ光景は圧巻。直接購入はできないものの、競りの様子などは見学できる。

交 両津港から徒歩約15分　住 佐渡市春日1-1先　電 (0259) 27-3244　時 7:00～8:30頃※見学のみ可　休 日曜　駐車場 あり

展望台　エリア 金井　MAP 折り込み④ B2

交流センター白雲台
こうりゅうせんたーはくうんだい

国中平野を一望する峠の茶屋

大佐渡スカイラインの入口にあるレストラン＆みやげ物店。テラスから眺める両津や国中平野は絶景！

交 両津港から車で約40分。4月後半から11月中旬まで定期観光バスあり　住 佐渡市中興乙3534-158　電 (0259) 61-1172　時 9:00～17:00　休 11月中旬～4月中旬　駐車場 あり

博物館　エリア 新穂　MAP 折り込み① A3

佐渡市新穂歴史民俗資料館
さどしにいぼれきしみんぞくしりょうかん

伝統芸能など郷土資料が充実

のろま人形をはじめとした郷土芸能資料や、新穂の玉作遺跡から出土した考古資料などを展示する。

交 両津港から車で約15分。🅑新穂郵便局前から徒歩約5分　住 佐渡市新穂瓜生屋492　電 (0259) 22-3117　時 8:30～17:00(最終入館16:30)　休 月曜(祝日の場合は翌日)、12～2月　料 200円、小・中学生100円　駐車場 あり

史跡　エリア 両津　MAP P.70B2

村雨の松
むらさめのまつ

御番所跡を守る由緒ある巨樹

かつては沖を航行する船の目印となっていた、樹高19m、幹周り6mの巨大な黒松。尾崎紅葉が能に登場する松風・村雨姉妹の名をとり、村雨の松と名づけた。

交 両津港から徒歩約5分　住 佐渡市両津夷1　電 (0259) 27-5000（佐渡観光交流機構）　駐車場 なし

温泉　エリア 新穂　MAP 折り込み① B3

新穂潟上温泉
にいぼかたがみおんせん

田園に囲まれた古湯

閑静な田園地帯にたたずむ立ち寄りの天然温泉。800年の歴史を誇り、佐渡最古と伝わる。

交 両津港から車で約10分。または🅑潟上天王下から徒歩約5分　住 佐渡市新穂潟上1111　電 (0259) 22-4126　時 11:00～21:00　休 水曜（祝日の場合は翌日）　料 500円　駐車場 あり

スイーツ　エリア 金井　MAP 折り込み④ B3

みるく・ぽっと
みるく・ぽっと

軽やかな甘さのソフトクリームを

佐渡乳業の敷地内にあるショップ。人気は佐渡乳業の新鮮な牛乳を使った、まろやかなソフトクリーム330円。佐渡牛乳や佐渡バター、チーズなども販売している。

交 両津港から車で約18分　住 佐渡市中興122-1　電 (0259) 63-3151　時 10:00～16:00　休 なし　駐車場 あり　URL sadonyugyo.com

温泉　エリア 椎崎　MAP 折り込み① B1

朱鷺の舞湯
ときのまいゆ

加茂湖を一望する露天風呂

佐渡グリーンホテルきらく併設の、立寄り可能な露天風呂。加茂湖を眼下に、パノラマの光景が広がる。

交 両津港から車で約5分。🅑椎崎温泉入口から徒歩約3分　住 佐渡グリーンホテルきらく内→P.79　電 (0259) 27-6101　時 15:00～22:30（最終22:00）　休 12～3月の荒天時　料 500円　駐車場 あり　URL sado-kiraku.com

居酒屋　エリア 両津　MAP P.70B2

りんか亭
りんかてい

地魚にこだわる素朴な居酒屋

広い座敷とカウンター5席の地元客に愛される居酒屋。刺身の盛り合わせ970円はボリュームにびっくり！　ランチは海鮮丼1100円が好評。

交 両津港から徒歩約10分　住 佐渡市両津夷261-154　電 (0259) 67-7689　時 10:30～14:00（L.O.13:00)、18:00～23:00（L.O.22:30）　休 日曜、月曜の昼　駐車場 あり

voice＜ 佐渡ならではの食材として親しまれるナガモ。ヒジキと同じ海藻の仲間で、水深5～8mの海底から水面近くまで伸びる。熱湯にくぐらせると鮮やかな緑色になり、メカブのような粘り気を楽しめる。標準和名はアカモク。

寿司　エリア 両津　MAP P.70B2

いしはら寿司
いしはらずし

豊富なネタを揃えた魚屋の直営店

両津夷の飲食店が並ぶ通りに立つ一軒家寿司店。鮮魚店直営なので食材の種類が多く、旬のネタが揃っている。寿司のほか、刺身盛り合わせも1870円から作ってくれる。

左／おすすめは、佐渡で取れた魚10個入りにぎり2750円
右上／カウンターは奥に
右下／入りやすい一軒家

交 両津港から徒歩約10分　住 佐渡市両津夷192-2
電 (0259) 27-2658　時 11:00～14:00、17:00～23:00
休 火曜　駐車場 あり

寿司　エリア 両津　MAP P.70C3

魚　秀
うおひで

乗船前においしい寿司を食べおさめ♪

両津港から近く、乗船前後の利用に便利な寿司店。佐渡の地魚にぎり2000円は、卵をのせた甘エビや醤油代わりにワタを巻いたイカなど、大将のていねいな仕事ぶりが光る。

上／その日の仕入れにより新鮮なネタを寿司に
左下／寿司のほか、ちらし並1000円も人気
右下／お弁当の注文も可

交 両津港から徒歩約3分　住 佐渡市両津夷136
電 (0259) 27-5610　時 11:00～14:00、16:00～19:00
休 水曜　駐車場 なし

天ぷら　エリア 両津　MAP P.70C3

天　國
てんくに

食材のよさにこだわる職人の店

刺身用のネタを使うなど、鮮度にこだわった天ぷらが自慢。8～9種の刺身を盛り合わせた生ちらし丼1250円など鮮魚もおいしいと評判で、一品料理も充実している。

左／旬の魚介と野菜を揚げた天麩羅盛り合わせ1350円　右上／小あがりは落ち着く空間
右下／料亭風の外観

交 両津港から徒歩約6分　住 佐渡市両津湊206
電 (0259) 23-2714　時 11:30～13:30、17:00～21:30
休 不定休　駐車場 なし

居酒屋　エリア 畑野　MAP 折り込み④B3

四季菜割烹 伝
しきさいかっぽう でん

腕利きの大将と美人女将がおもてなし

稲田に囲まれた静かな一軒家割烹で、アットホームな雰囲気のなか若いご夫婦がお出迎え。10種前後の旬魚が彩る刺盛は贅沢ボリュームで2000円。野菜も米も自家製で安心。

左／刺盛はノドグロやタイなど高級魚も並ぶ
右上／カウンターと小上がりを用意　右下／隠れ家的なたたずまい

交 両津港から車で約24分。または🅑畑野西町から徒歩約3分
住 佐渡市畑野126-5　電 (0259) 67-7161
時 11:30～13:00、17:00～21:30
休 日曜および土曜、祝日のランチ　駐車場 あり

voice 加茂湖では10月頃から養殖の真ガキが収穫できる。この時期、湖畔にはカキ小屋が並び、11月から2月頃までカキの殻焼きやカキフライなど新鮮なカキを思う存分堪能できる。値段は殻焼き1個150円～とリーズナブル♪

※現在、弁当専門店として営業

居酒屋　エリア 両津　MAP P.70B2

伊麻里
いまり

木の香りに包まれて家庭料理を

両津出身のご夫婦が、佐渡の食材を使った焼き魚や煮物でおもてなし。木の梁が見事な店内には、木造のソリやタンスなど佐渡で使われていた日用品が飾られている。

左／タラの煮物600円、肉じゃが500円、カタセ（スケトウダラの一夜干し）600円　右上／木を基調とした店内　右下／夷商店街の一角

交 両津港から徒歩約10分　住 佐渡市両津夷187-2
電 (0259) 27-5211　時 17:00～22:00　休 月・日曜、祝日
駐車場 なし

居酒屋　エリア 両津　MAP P.70B2

しらつゆ
しらつゆ

地元の常連客が集まる漁師の店

地元の人たちが「魚を食べるならここ」と口を揃えておすすめする居酒屋。現役漁師に伝わる佐渡の味は、常連客にも愛されている。値段が安いのも人気の秘密。

左／刺身盛り合わせ1100円～、バイ貝煮600円～、岩ガキ500円～と激安　右上／いつでも地元客でいっぱい　右下／小さな店

交 両津港から徒歩約10分　住 佐渡市両津夷189-5
電 (0259) 23-5288　時 17:30～23:00（L.O.22:30）
休 日曜　駐車場 なし

蕎麦　エリア 新穂　MAP 折り込み① B3

蕎麦　茂左衛門
そば　もぜむ

伝統家屋で味わうこだわりの十割そば

手打ちの十割蕎麦が評判の予約制の店。コースは昼2500円～、夜4000円～で前菜や天ぷらも味わえる。昼はアゴだしのつゆで食べる、ぶっかけ蕎麦715円などアラカルトも。

上／蕎麦粉が香る伝統のぶっかけ蕎麦　左下／座敷のほかテーブルも　右下／佐渡の古民家へ

交 両津港から車で約20分。または🅑天王下から徒歩約20分
住 佐渡市新穂田野沢163-1　電 (0259) 67-7972　時 11:30～13:30（L.O.）、17:00～21:00（L.O.）　休 日曜（祝日の場合は翌日）
駐車場 あり　予約 前日12:00までに必要　URL sobamozem.com

和食・洋食　エリア 金井　MAP 折り込み④ B3

味　彩
あじさい

佐渡の食材が充実した“飲める”食事処

肉厚のブリを使った佐渡天然ブリカツ丼1320円のほか、7種類の刺身がのった味丼2178円など佐渡の名物料理が食べられる。魚介を中心に、佐渡食材の一品料理も豊富。

上／アゴだしのタレが利いた佐渡天然ブリカツ丼　左下／ジャズが流れる店内　右下／たびのホテル佐渡の1階

交 両津港から車で約20分。または🅑金井から徒歩約2分
住 佐渡市千種113-12 たびのホテル佐渡内→P.78　電 (0259) 58-8010　時 11:00～14:30（L.O.14:00）、17:30～22:00（L.O.21:00）
休 水曜　駐車場 あり　カード 可

voice＜ ヤリイカ、アオリイカ、ソデイカなど、さまざまなイカが水揚げされる佐渡。なかでも6月のマイカ（スルメイカ）が絶品。新鮮なまま細切りにしたイカそうめんは、甘味がありワタとあえて食べるのが贅沢。

寿司　エリア 新穂　MAP 折り込み① A3

長三郎鮨
ちょうざぶろうすし

ラーメンの評価も高い寿司の名店

両津の魚市場で毎朝仕入れる、佐渡産を中心としたにぎり寿司は 1100 円～。じっくり味わうならおまかせ 3200 円を。先代はラーメン店を営んでいたそうで、昔懐かしのラーメンも評判。

上／カウンターでは大将との会話も楽しみ
左下／寿司のほか定食や丼も充実
右下／醤油ラーメン 700 円。寿司とのセットも

交 両津港から車で約 20 分。または❶新穂小学校前から徒歩約 3 分
住 佐渡市新穂 81-4　電 (0259) 22-2125　時 11:00 ～ 22:00
休 第 1・3・5 日曜、第 2・4 月曜　駐車場 あり　カード 可

和食　エリア 金井　MAP 折り込み④ B3

割烹 石山
かっぽう いしやま

佐渡の山海の幸を和食で味わう

この道 40 年以上のご主人が腕を振るう本格和食店。旬の魚介を厳選した料理は、昼が日替わり1100円とコース、夜はコース 2200 円～。自家菜園で育てた完熟野菜の甘味も堪能して。

上／コースの内容は仕入れによって変わる
左下／常連が並ぶカウンターと座敷を用意
右下／調味料から手作りする

交 両津港から車で約 20 分。または❶金井学校前から徒歩約 5 分
住 佐渡市千種 982　電 (0259) 63-2663　時 11:30 ～ 13:15(L.O.)、17:30 ～ 21:30（L.O.）　休 日曜　駐車場 あり　カード 可

居酒屋　エリア 両津　MAP P.70B2

創作料理の店 タロー
そうさくりょうりのみせ たろー

斬新アレンジの創作料理

地元食材を使った創作料理が評判を呼び、女性客が多い店。サクサク生地のミニロールピザ 480 円など、ひと工夫したモダンなメニューが揃っている。

交 両津港から徒歩約 10 分
住 佐渡市両津夷 261-52　電 (0259) 24-7133
時 18:00 ～ 24:00　休 木曜　駐車場 なし

居酒屋　エリア 両津　MAP P.70B2

幸之助
こうのすけ

地元の若者御用達のカジュアル酒場

手軽なつまみが充実した居酒屋。観光客には刺身盛り 1500 円～、地元客にはアサリバター 650 円が人気。マスターのおすすめは焼き鳥おまかせ 5 本盛り 600 円。

交 両津港から徒歩約 10 分
住 佐渡市両津夷 187-1　電 (0259) 67-7749　時 17:00 ～ 23:00（L.O.22:00）　休 月曜（祝日の場合は翌日）　駐車場 なし

定食　エリア 両津　MAP P.70C3

いさりび
いさりび

ボリューム満点の刺身定食に舌鼓

両津であがった新鮮な魚を地元出身の女将さんがさばいてくれる。お刺身定食 1300 円は 4 種盛りでボリューム満点。テイクアウトできるカツ丼や鶏から丼も人気。

交 両津港から徒歩約 3 分
住 佐渡市両津湊 139-4　電 (0259) 27-6374　時 9:30 ～ 16:00
休 日曜　駐車場 なし

居酒屋　エリア 両津　MAP P.70B2

居酒屋ほたる
いざかやほたる

締めの醤油ラーメンがおなかに染みる

両津出身の女将さんとご主人がカウンターに立つ家庭的な居酒屋。佐渡産の食材を使った焼き物や揚げ物が中心で、どれも一品 550 円前後の安心価格。

交 両津港から徒歩約 10 分
住 佐渡市両津夷 212-9　電 (0259) 23-2865
時 17:30 ～翌 1:00　休 木曜　駐車場 なし

voice＜ 佐渡の赤玉地区から産出される赤玉石。赤みが深い紅色は、鉄分と石英を多く含むことが理由。古代は勾玉として魔よけに利用された。現在は大きいものは庭石、小さいものはネックレスやタイピンに加工される。

カフェ　エリア 両津　MAP 折り込み① A1

mikawa
みかわ

焼き菓子の香りが漂う優しい空間

オーナーはアメリカを中心に 40 店以上を展開するケーキ店、Lady M でパティシエを務めた実力派。シフォンケーキ 400 円やガトーショコラ 400 円など焼き菓子は絶品！

上／元森林組合の事務所をカフェに改装　左下／ホットサンドはコーヒーとセットで 600 円　右下／倉庫が並ぶ一角にたたずむ

交 両津港から車で約 3 分　住 佐渡市春日 176-3　電 (0259) 67-7973　時 7:00 ～ 17:00（L.O.16:30）　休 木曜　駐車場 あり

カフェ&バー　エリア 両津　MAP P.70B1

ヘブンズキッチン
へぶんず きっちん

白を基調としたおしゃれカフェ

両津出身の女性マスターが腕を振るうパスタランチが 979 円。夜はカクテルが豊富なバーとして、女性客を中心ににぎわう。

交 両津港から徒歩約 10 分
住 佐渡市両津夷 98-79
電 (0259) 67-7545　時 11:30 ～ 14:00、14:00 ～ 16:00（カフェ）、18:00 ～ 24:00　休 水曜　駐車場 あり

カフェ　エリア 両津　MAP P.70C3

maSanicoffee
まさにこーひー

佐渡汽船の乗船前後に寄れる港カフェ

両津港にあるスタイリッシュなカフェ。コーヒー 320 円や佐渡ばんちゃ 300 円などの飲み物のほか、ハンバーガーやキーマカレーといった軽食も用意されている。

交 両津港内　住 佐渡市両津湊 353-1　両津南埠頭ビル 1 階
電 070-4222-6448　時 6:30 ～ 19:15　休 なし　駐車場 なし

イタリアン　エリア 新穂　MAP 折り込み① A3

deVinco へんじんもっこ
でびんこ へんじんもっこ

ソーセージ工房へんじんもっこの直営レストラン

400℃の高温で焼くサクッ&もっちりのナポリ風ピザが自慢。佐渡産野菜を使ったパスタやソーセージも絶品。

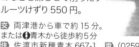

交 両津港から車で約 15 分。または ⓘ 青木からすぐ
住 佐渡市新穂青木 749-3
電 (0259) 58-7027　時 17:00 ～ 22:00（L.O.21:00）　休 火曜
駐車場 あり　URL www.facebook.com/devinco.co.jp

カフェ　エリア 新穂　MAP 折り込み① A3

フルーツカフェさいとう
ふるーつかふぇさいとう

口の中でスーッと溶けるかき氷

完熟フルーツを使ったスイーツが話題の農園直営カフェ。人気はイチゴやリンゴなどを凍らせて削ったフルーツけずり 550 円。

交 両津港から車で約 15 分。または ⓘ 青木から徒歩約5分
住 佐渡市新穂青木 667-1　電 (0259) 67-7088　時 11:00 ～ 16:00（L.O.15:30）　休 月曜、11 ～ 2 月　駐車場 あり

カフェ　エリア 両津　MAP P.70C3

カフェテラス ROTARY
かふぇてらす ろーたりー

レトロな店内から両津港を一望

昭和の喫茶店という雰囲気が漂う店内で、アイスコーヒー 430 円などを楽しめる。トーストやパスタのランチも充実。両津港まですぐなので出航前に便利。

交 両津港から徒歩約 3 分
住 佐渡市両津湊 135-1　電 (0259) 23-2514
時 9:30 ～ 17:30　休 不定休　駐車場 なし

ジェラート　エリア 新穂　MAP 折り込み① A3

Mattelato
まってらーと

新鮮なフルーツ感を味わえるジェラート

佐渡のフルーツをはじめ、佐渡と世界のおいしいものを組み合わせたジェラートはシングル 450 円～、ダブル 550 円～。旬のフルーツを使い4～6種類を用意する。

交 両津港から車で約 15 分
住 佐渡市新穂青木 749-2　電 なし　時 11:00 ～ 14:00（土・日曜、祝日～ 16:00）　休 火曜、12 ～ 3 月　駐車場 あり

voice　フルーツカフェさいとうでは、店頭で旬のフルーツを販売している。スーパーなどより 2 割ほど安くおみやげにぴったり。数に限りがあるので、見つけたら即買い必至！

特産品　エリア 貝塚　MAP 折り込み④ B3

椿屋陶芸館
つばきやとうげいかん

無名異焼を眺めながら十割そばはいかが？

佐渡を代表する陶芸作家の作品が16窯元から約1000点。非加熱で高純度の佐渡産天然椿オイル72mℓ4860円や、佐渡産のそばの実に椿オイルをブレンドした十割そばも人気。

上／開放的なギャラリー&カフェスペース
左下／花の木そば 880円
右下／和スイーツやドリンクも

交 両津港から車で約20分。または❶横谷から徒歩約5分　住 佐渡市貝塚1111-1　電 (0259) 63-5555　時 10:00～16:00（食事は11:00～15:00）　休 水曜　カード 可　駐車場 あり　URL sado-tsubakiya.com

ハーブ&ジャム　エリア 両津　MAP 折り込み① A2

Berries
べりーず

佐渡のよいものを集めたセレクトショップ

ブルーベリーをはじめ佐渡のフルーツを使ったジャムやソースを製造・販売。

交 両津港から車で約12分
住 佐渡市下横山750-1
電 (0259) 67-7662
時 11:00～18:00 ※4・5・9・10月13:00～、11～3月13:00～17:30（土・日曜、祝日10:00～）
休 不定休　駐車場 あり　カード 可　URL berries-sado.com

お菓子　エリア 千種　MAP 折り込み④ B3

SHIMAYA CAFE
しまや かふぇ

200年の歴史をもつしまやの新スタイル

伝統の澤根だんご486円や濃厚な卵ロール1188円ほか、持ち帰りスイーツがたくさん。店内では季節のパフェやパスタを楽しむことができ、地元客でにぎわう。

交 両津港から車で約20分。または❶佐渡病院前から徒歩約3分
住 佐渡市千種141-7　電 (0259) 63-4338　時 10:00～19:00
休 水曜　カード 可　駐車場 あり　URL shimaya-sawanedango.co.jp

おみやげ　エリア 両津　MAP P.70C3

シータウン商店街
しーたうんしょうてんがい

帰りは少し早めに港でお買い物

両津港のターミナル直結の通路に、佐渡汽船商事とエビス商事の2店がさまざまなおみやげを並べる。

交 両津港内　住 佐渡市両津湊353-1　電 佐渡汽船商事 (0259) 27-5673、エビス商事 (0259) 27-5007　時 8:00～16:30（7～8月は～19:30、9～11月は～17:00）※佐渡汽船商事　休 なし　カード 可　駐車場 なし

ソーセージ　エリア 新穂　MAP 折り込み① A3

へんじんもっこ
へんじんもっこ

世界が認める金賞のソーセージ

防腐剤を使わずうま味を最大限に引き出したソーセージが、ドイツの大会で総合優勝。なかでもタマネギ風味で滑らかな、たまとろサラミ1350円は絶品。

交 両津港から車で約20分。または❶新穂小学校前から徒歩約5分　住 佐渡市新穂大野1184-1
電 (0259) 22-2204　時 9:00～17:00　休 なし　カード 可　駐車場 あり

海産物　エリア 両津　MAP P.70B1

佐渡漁協直売所
さどぎょきょうちょくばいじょ

のしイカやサザエむき身を手頃な価格で

佐渡全域から、漁協組合員が生産した海産物が集合。のしイカ1000円やサザエむき身2500円など、添加物なしの自然食材が人気。全国への発送もしてくれる。

交 両津港から徒歩約10分
住 佐渡市両津夷98-72　電 (0259) 27-3265
時 10:00～16:00　休 火・土・日曜、祝日　駐車場 あり

海産物　エリア 両津　MAP P.70B3

海産物うさみ
かいさんぶつうさみ

自家製の海産物が並ぶこだわりの店

明治から続く魚問屋。マイカの塩辛600円や天日干しスルメ1000円など、ほとんどが佐渡産で、しかも自家製。仕入れたばかりの魚を店頭で天日干ししている。

交 両津港から徒歩約3分
住 佐渡市両津湊149　電 (0259) 27-2076
時 10:00～18:00頃　休 不定休　駐車場 なし

voice＜ Berriesの一番人気は、自社農園で栽培したブルーベリー。毎年6～8月には完熟のブルーベリーが買える。7月下旬から8月にかけてはブルーベリー狩りも楽しみ。

ホテル　エリア 金井　MAP 折り込み④ B3

たびのホテル佐渡
たびのほてるさど

居心地のよさにこだわった旅の拠点

どこへ行くにも便利な島の中心部に立つスタイリッシュなホテル。全室に備わるシモンズ製のベッドと枕が心地よい眠りへ誘う。キッチン付きの客室は長期滞在におすすめ。室内の風呂のほか、佐渡海洋深層水につかれる大浴場でくつろげる。

上／ミネラル豊富な海洋深層水を使用
左下／22㎡のデラックスツイン　右下／1階には人気の食事処、味彩が

交 両津港から車で約 25 分。またはⓘ金井から徒歩約 2 分
住 佐渡市千種 113-12　電 (0259) 58-8020
料 素 5000 円～、朝 6320 円～　客室数 111 室　駐車場 あり
カード 可　URL sado.tabino-hotel.jp

温泉旅館　エリア 両津　MAP P.70B2

湖畔の宿 吉田家
こはんのやどよしだや

加茂湖に浮かぶ天空の露天風呂

江戸時代に料理店として始まった湖畔の宿。現在も佐渡の海鮮を中心に四季折々の料理を楽しめる。屋上の天然温泉かけ流しの露天風呂は、眼下に加茂湖を眺め、空と湖面が茜色に染まる夕暮れはまるで天に浮いているような景色に。

上／加茂湖を見下ろす屋上露天風呂
左下／旬の海鮮が並ぶ夕食
右下／老舗旅館ならではの広々とした和室

交 両津港から徒歩約 15 分。またはⓘ夷本町から徒歩約 3 分
住 佐渡市両津夷 261-1　電 (0259) 27-2151　料 素 9900 円～、朝 1 万 2100 円～、朝夕 1 万 5400 円～　客室数 64 室　駐車場 あり
カード 可　URL https://yosidaya.com

温泉旅館　エリア 両津　MAP P.70B2

お宿 花月
おやど かげつ

湖畔にたたずむ静かな温泉宿

加茂湖に面した歴史ある温泉宿。レイクビューの客室を備え、日没時は茜色に染まる湖面を眺めることができる。弱アルカリ性の天然温泉は、しっとりと滑らかで美肌効果が期待できると評判。佐渡の食材を使った四季折々の料理も自慢。

上／窓から加茂湖を眺める
左下／夷商店街まですぐ
右下／ロビーの壁には本間一秋氏による竹のアートが

交 両津港から徒歩約 15 分。またはⓘ夷本町から徒歩約 3 分
住 佐渡市夷 262　電 (0259) 27-3131　料 素 6600 円～、朝 7700 円～、朝夕 8250 円～　客室数 19 室　駐車場 あり
カード 可※プランによる

山荘　エリア ドンデン高原　MAP 折り込み④ B2

ドンデン高原ロッジ（ドンデン山荘）
どんでんこうげんろっじ（どんでんさんそう）

絶景の佐渡に出合える天空の山荘

高山植物の宝庫として人気を集めるドンデン高原の拠点。周辺は固有種のサドノウサギが生息する豊かな生態系を育んでいる。野鳥の鳴き声で目覚め、日中はデッキから両津湾を一望。夜は満天の星と夜景を楽しむ贅沢な滞在を。

上／デッキからは雲海が見られることも
左下／目の前に朝日が上る
右下／シンプルで居心地のよい客室

交 両津港から車で約 40 分　住 佐渡市椿 697
電 (0259) 23-2161　料 素 6600 円～、朝 7800 円～、朝夕 1 万 300 円～　※ 4 月中旬～ 11 月上旬のみ営業　客室数 11 室
駐車場 あり　URL donden-sanso.jp

voice＜ 佐渡島内にはいくつもの温泉が湧き出ている。例えば加茂湖畔の椎崎温泉は、その昔、トキが傷を癒やしたという言い伝えがある伝説の温泉。泉質はナトリウム塩化物泉で、疲労回復に効果があるといわれている。

温泉旅館　エリア 椎崎　MAP 折り込み① B1

佐渡グリーンホテルきらく
さどぐりーんほてるきらく

貸し切り露天温泉から加茂湖を一望

繁華街から離れた静かな環境の温泉旅館。加茂湖に手が届きそうな場所に立つ、貸し切りにできる露天風呂が人気。

交 両津港から車で約5分。ⓘ椎崎温泉入口から徒歩約3分
住 佐渡市原黒658　電 (0259) 27-6101
料 素6600円～、朝7700円～、朝夕9900円～　客室数 31室
カード 可　駐車場 あり　URL sado-kiraku.com

温泉旅館　エリア 両津　MAP P.70A2

ホテル志い屋
ほてるしいや

明治45年創業の温泉旅館

加茂湖の畔で1912年から営業する歴史ある温泉旅館。海の幸中心の味覚が自慢。加茂湖を照らす朝日は絶景。

交 両津港から車で約5分。またはⓘ外城橋から徒歩約5分
住 佐渡市加茂歌代4916-7　電 (0259) 27-2127　料 素5500円～、朝6600円～、朝夕1万1000円～　客室数 32室　カード 可
駐車場 あり　URL www.hotel-shiiya.com

ホテル　エリア 両津　MAP P.70B2

ホテル天の川荘
ほてるあまのがわそう

繁華街に近く素泊まりも人気

素泊まり歓迎でカップルや若者に人気。夷商店街の中に立つので、周囲に飲食店が充実。6階の食堂から港を一望。

交 両津港から徒歩約15分。またはⓘ夷本町から徒歩約2分
住 佐渡市両津夷182-4　電 (0259) 27-3215　料 素5500円～、朝6600円～、朝夕7700円～　客室数 15室　カード 可
駐車場 あり　URL amanogawa.sakura.ne.jp

旅館　エリア 両津　MAP P.70B2

ゆたかや旅館
ゆたかやりょかん

レトロな宿で創作和食を楽しむ

昭和初期の建物を改修した宿。有名旅館などで修業をつんだ主人が腕を振るう創作和食が評判。リーズナブルでひとり旅にも人気がある。

交 両津港から徒歩約15分。またはⓘ夷本町から徒歩約2分　住 佐渡市両津夷新47　電 (0259) 27-2242　FAX (0259)23-2610　料 素5500円～、朝6160円～、朝夕8800円～　客室数 9室　駐車場 あり

温泉旅館　エリア 椎崎　MAP 折り込み① B2

ホテル ニュー桂
ほてる にゅーかつら

四季折々の加茂湖を楽しむ

加茂湖を見下ろす高台に立つ旅館。温泉はアルカリ性でなめらか。貸し切りの露天風呂や家族浴場も用意している。

交 両津港から車で約5分。またはⓘ椎崎温泉入口から徒歩約5分
住 佐渡市原黒696-1　電 (0259) 27-3151
料 素7700円～、朝8800円～、朝夕1万1000円～
客室数 53室　カード 可　駐車場 あり　URL sado-katsura.jp

ペンション　エリア 金井　MAP 折り込み④ B3

宿屋ふくろう
やどやふくろう

佐渡の中心に立ち観光にも仕事にも便利

全室にバスタブとトイレを備えた清潔感のあるペンション。居心地のよいロビーや洗濯機・乾燥機などもあり、島で暮らすように過ごせる。

交 両津港から車で約20分。またはⓘ藤津橋から徒歩約3分　住 佐渡市中興甲1106-13
電 (0259) 58-7073　料 素4500円～、朝5450円～
客室数 8室　駐車場 あり　カード 可

温泉旅館　エリア 椎崎　MAP 折り込み① B1

夕日と湖の宿 あおきや
ゆうひとみずうみのやど あおきや

伝説の温泉でゆったりくつろぐ

すべての客室から加茂湖や大佐渡山地を望む、眺望のよさが魅力。椎崎温泉を引いており大浴場からの眺めもよい。

交 両津港から車で約5分。またはⓘ椎崎温泉入口から徒歩約5分
住 佐渡市原黒685　電 (0259) 27-4145
料 素6160円～、朝7040円～、朝夕8800円～　客室数 32室
カード 可　駐車場 あり　URL www.sado-aokiya.com

旅館　エリア 両津　MAP P.70B1

まるか旅館
まるかりょかん

仕入れたばかりの海鮮料理をリーズナブルに

両津湾まですぐの好ロケーション。隣の両津市場から仕入れた魚介を使った料理が評判を呼んでいる。ひとり旅の素泊まりも歓迎。

交 両津港から徒歩約12分。またはⓘ上町十字路から徒歩約3分　住 佐渡市両津夷358
電 (0259) 27-2325　料 素5500円～、朝6600円～、朝夕8800円～　客室数 7室　駐車場 あり

加茂湖畔にあって商店街へのアクセスもよい「湖畔の宿　吉田家」に泊まりました。2泊したので1泊は夕飯を付けず夜の町へ。思ったよりも閑散としていましたが、地元の人でにぎわう居酒屋を体験できました。（東京都　マルさん）

MAP 折り込み④ B3

真野・佐和田

まの　さわた

かつて佐渡の国府がおかれた真野は史跡が多く、真野御陵や妙宣寺など由緒正しい見どころが点在する。隣接する佐和田は、島の若者が集まる商業の中心地。

観る・遊ぶ

名所旧跡を巡る町歩きに風情が漂う

数々の史跡や寺社が点在する真野は、飛鳥路を思わせる風情豊かな地域。自然に包まれた名所を巡る、のどかな町歩きが楽しめる。

買う

専門店でこだわりの逸品をチョイス

佐渡西三川ゴールドパークや佐渡歴史伝説館に大型のみやげ物店が併設されているほかは、こぢんまりとした専門店や地元食材を扱う商店が中心。

食べる・飲む

島民いち押しの佐渡グルメが揃う

佐和田は実力派の寿司屋や優美なフレンチなどが集まる飲食店激戦区。ランチもディナーも、最先端の佐渡グルメを堪能できる。

泊まる

センスのよい宿泊施設が集まっていると評判

佐渡のちょうど真ん中にある真野湾は、観光の拠点としても便利なロケーション。スタイリッシュなホテルから老舗の大型旅館、アットホームな旅館まである。

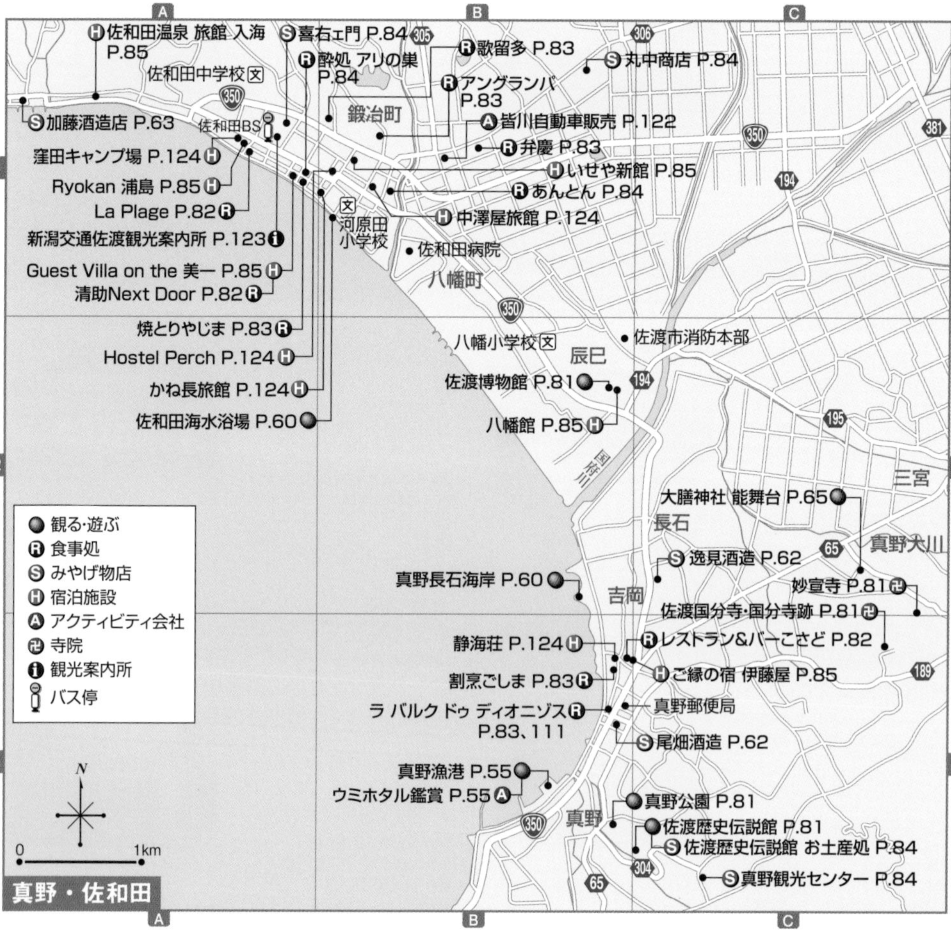

voice いごねりは佐渡を代表するヘルシーな郷土料理。いご草を煮溶かして固めたシンプルな料理だが、それだけに奥が深く作り手によって味が異なるという。いごねり専門店として60年の歴史を誇る早助屋は、昔ながらの味を守っていると評判。URL igoneri.com

テーマパーク　エリア 西三川　MAP 折り込み④ B4

佐渡西三川ゴールドパーク
さどにしみかわごーるどぱーく

キラリと光る砂金採りに挑戦

平安時代から砂金が出た西三川。水槽の底にたまった砂の中から金を探す、砂金採り体験が人気をよんでいる。採れた砂金はキーホルダーやペンダントに加工できる（1500円）。

上／目をこらして金を探す　左下／併設の資料館　右下／砂をふるいながら砂金だけ残す

交 佐和田BSから車で約25分。または🅘西三川ゴールドパークからすぐ　住 佐渡市西三川835-1　電 (0259) 58-2021　時 8:30～17:00（5～8月は～17:30、12～2月は9:00～16:30）　休 なし　料 1200円、小学生1000円　駐車場 あり　URL www.e-sadonet.tv/goldpark

テーマパーク　エリア 真野　MAP P.80C3

佐渡歴史伝説館
さどれきしでんせつかん

ハイテクロボットやミニチュアが佐渡の歴史を紹介

日蓮や世阿弥の流罪の歴史や佐渡の民話・伝承を、リアルなロボットやミニチュアで再現。鎌倉時代にタイムスリップしたような感覚になる。食事処やみやげ物店を併設。

上／佐渡おけさの発祥を紹介　左下／リアルな日蓮の人形　右下／民話を語る老夫婦の人形

交 佐和田BSから車で約15分。または🅘真野宮前から徒歩約3分（土・日曜は🅘佐渡歴史伝説館からすぐ）　住 佐渡市真野655　電 (0259) 55-2525　時 9:00～16:00　休 12～3月は要問い合わせ　料 900円、小学生500円　駐車場 あり　URL sado-rekishi.jp

博物館　エリア 佐和田　MAP P.80B2

佐渡博物館
さどはくぶつかん

佐渡の自然、歴史、文化を学ぶ

佐渡金銀山を詳しく紹介しているほか、美術品や工芸品、石器、文化や自然についての展示物が充実。佐渡の岩石にも詳しい。

交 佐和田BSから車で約7分。または🅘佐渡博物館前から徒歩約2分　住 佐渡市八幡2041　電 (0259) 52-2447　時 8:30～17:00　休 なし　料 500円、小・中学生200円　駐車場 あり

寺院　エリア 真野　MAP P.80C2

妙宣寺
みょうせんじ

新潟県唯一の五重塔が見事

日蓮の佐渡配流中に弟子が自宅を寺にしたことが起源とされる。江戸時代に日光東照宮を模して建造された五重塔が美しい。日野資朝の墓所がある。

交 佐和田BSから車で約20分。または🅘竹田橋から徒歩約20分　電 (0259) 55-2061　住 佐渡市阿佛坊29　駐車場 あり

公園　エリア 真野　MAP P.80B3

真野公園
まのこうえん

2000 本の桜が咲くお花見スポット

承久の乱に敗れて流罪になった順徳上皇が過ごした、真野宮を中心とする公園。春には約 2000 本の桜が咲き誇りイベントやライトアップでにぎわう。

交 佐和田BSから車で約15分。または🅘真野宮前からすぐ　駐車場 あり

寺院　エリア 真野　MAP P.80C3

佐渡国分寺・国分寺跡
さどこくぶんじ・こくぶんじあと

茅葺きの瑠璃堂が美しい

743 ～ 775 年頃に聖武天皇の命で建立された佐渡最古の寺。現在の国分寺は 1674 年に再建され、創建当時の本堂や塔の礎石が敷地の西側で発見された。

交 佐和田BSから車で約20分。または🅘竹田橋から徒歩約40分（土・日曜は🅘国分寺からすぐ）　電 (0259) 55-2059　住 佐渡市国分寺113　駐車場 あり

voice＜ 佐渡で最も古い金の産出地とされる西三川砂金山。平安時代の『今昔物語集』に「佐渡ノ国ニコソ金ノ花栄タル所」との記述があり、明治初期の 1872 年まで砂金が採取されていた。

フレンチ　エリア 佐和田　MAP P.80A1

La Plage
ラプラージュ

フレンチによる佐渡食材の新提案

本場フランスで修業をしたシェフが、和食で楽しむことが多い佐渡の海と山の幸を、斬新なフレンチへとアレンジ。ラグジュアリーな空間で彩り豊かなコース料理を味わえる。

左／自社ブランドの佐渡島黒豚などのコース、ラプラージュ7150円
右上／ロマンティックな店内で贅沢な時間を過ごす
右下／「Ryokan 浦島」に併設。店名はフランス語で浜辺の意味

交 佐和田BSから徒歩約3分　住 Ryokan 浦島内→P.85
電 (0259) 57-3751　時 11:30～13:30 (L.O.)、18:00～19:30 (L.O.)
休 なし　駐車場 あり　カード 可　URL www.urasima.com

カフェ　エリア 真野　MAP 折り込み④ B3

SHIMAFŪMI
しまふうみ

パラソルが空に映えるシービューカフェ

香り高い手作りパンがおいしいベーカリーカフェ。目の前に海が広がるロケーションのよさは抜群。テラスでのんびりくつろげば、海外のリゾートにいるような気分に。

左／晴れた日はテラス席へ　右上／海を見渡す抜群の開放感
右下／ホットサンド500円～ほか軽食も

交 佐和田BSから車で約20分　住 佐渡市大小105-4
電 (0259) 55-4545　時 10:00～16:00　休 水曜　駐車場 あり
URL www.shimafumi.com

フレンチ・イタリアン　エリア 佐和田　MAP P.80A1

清助 Next Door
せいすけねくすとどあ

素材の味をていねいに引き出す美しい料理

シェフみずから佐渡の食材を厳選し、フレンチとイタリアンの技法で美しいひと皿に仕上げる。伝統食材のいごねりをペペロンチーノに使うなど初体験の驚きも楽しい。

上／佐渡食材満載のランチコース4000円
左下／目の前に海が
右下／食後のハマゴウ茶

交 佐和田BSから徒歩約3分　住 佐渡市河原田諏訪町207-76
電 (0259) 58-7077　時 11:30～14:00、18:00～　休 水曜
予約 必要　駐車場 あり　カード 可　URL bi-ichi.com/seisuke-next-door

洋食　エリア 真野　MAP P.80B3

レストラン&バー こさど
れすとらん&ばー こさど

佐渡牛のステーキを食べるならここ！

希少な佐渡牛をはじめ、多彩な創作料理が食べられる洋食屋。佐渡近海アワビのステーキなどプレミアムなメニューも味わえる。専属パティシエが作るデザートも好評。

左／名物、佐渡牛のサーロインステーキ5060円（120g）　右上／店内には個室も用意　右下／旅館に併設される

交 佐和田BSから車で約11分。または🅑真野新町から徒歩約2分
住 佐渡市真野新町275-2　電 (0259) 55-4004
時 11:00～14:00 (L.O.)、17:00～21:00 (L.O.20:30)
休 火曜の昼、水曜　駐車場 あり　URL kosado.com

voice　佐渡の飲食店や小さなみやげ物店は不定休としているところが多く、また定休日があっても、農作業の手伝いや行事などで休むこともある。来店前には必ず電話で営業しているかどうかを確認しよう。最近はSNSで臨時休業の情報を発信する店も増えている。

海鮮料理　エリア 西三川　MAP 折り込み④ B3

魚道場長浜荘
さかなどうじょうながはまそう

いけすの活魚を豪快に調理

いけすに入った魚や貝を、注文を受けてから素早く調理。大きな窓から真野湾を眺めながらいただく海鮮丼（上）2000円が人気。生ガキや焼きアワビなど旬の一品料理も充実。

上／ネタがたっぷりの海鮮丼（上）
左下／海を眺める広々とした座敷
右下／民宿を併設している

交 佐和田BSから車で約15分。または❶大須から徒歩約10分
住 佐渡市大須1021-1　電 (0259) 55-2511　時 11:00～14:00 (L.O.13:30)　休 不定休　駐車場 あり　URL www.nagahama.skr.jp

ワインバー　エリア 真野　MAP P.80B3

ラ バルク ドゥ ディオニゾス
ら ばるく どぅ でぃおにぞす

ワイン片手に大人が楽しむビストロバー

著名なフランス人ワイン醸造家による居心地のよい店。コースのみ4180円～。
※人物紹介→ P.111

交 佐和田BSから車で約12分。または❶真野新町から徒歩約7分　住 佐渡市真野新町327-1　電 (0259)67-7833
時 19:00～22:00　休 日～水曜　駐車場 あり　予約 必要
URL www.facebook.com/LaBarqueDeDionysosCave

フレンチ　エリア 佐和田　MAP P.80B1

アングランパ
あんぐらんぱ

豊かな佐渡の恵みをフレンチで堪能

地元客でいつもにぎわっている人気のフレンチレストラン。佐渡を中心に旬の食材を厳選し、素材の味をシンプルに引き出した上品な料理を提供している。

交 佐和田BSから徒歩約14分
住 佐渡市中原598-1　電 (0259) 52-7878　時 11:00～14:00、17:00～21:00　休 火曜、第1日曜　駐車場 あり　カード 可

和食　エリア 真野　MAP P.80B3

割烹ごしま
かっぽうごしま

会席スタイルで味わう海の幸

常連が次から次へと訪れる人気店。その日の仕入れにより、刺身や焼き魚、煮魚などおすすめ料理を堪能させてくれる。2000円～。

交 佐和田BSから車で約12分。または❶真野新町から徒歩約5分　住 佐渡市真野新町172-4　電 (0259) 55-3138
時 17:00～22:00　休 日曜　駐車場 あり

寿司　エリア 佐和田　MAP P.80B1

弁　慶
べんけい

佐渡産の魚介をリーズナブルに

市場で直接仕入れた新鮮なネタをリーズナブルに提供する回転寿司店。シャリは佐渡産のコシヒカリ。

交 佐和田BSから徒歩約6分。または❶東大通から徒歩約1分
住 佐渡市東大通833
電 (0259) 52-3453　時 10:30～21:00　休 火曜　駐車場 あり
カード 可　URL sado-benkei.com

天ぷら　エリア 佐和田　MAP P.80B1

歌 留 多
かるた

香ばしい天ぷらにかぶりつき

佐渡の魚介や自家菜園の野菜を、揚げたてサクサクで楽しめる。米油と薄口のごま油のブレンドが、食欲をそそる香りの秘密。豪快な活穴子の一本揚げも人気。

交 佐和田BSから徒歩約10分
住 佐渡市中原347-1　電 (0259) 52-2122　時 11:30～13:30 (L.O.)、18:00～20:30 (L.O.)　休 不定休　駐車場 あり

焼き鳥　エリア 佐和田　MAP P.80A1

焼とりやじま
やきとりやじま

常連さんと肩を並べて一杯

佐渡で30年以上続く、地元の人でにぎわう店。佐渡の海洋深層水から抽出した塩が絶妙。ひと串130円～。地元出身の若旦那と楽しい会話を。

交 佐和田BSから徒歩約3分
住 佐渡市河原田諏訪町28-110　電 (0259) 57-2225
時 17:00～22:00 (L.O.)　休 日・月曜　駐車場 なし

初めての佐渡は、真野の旅館に宿泊。旅館の人におすすめされた「割烹ごしま」へ行きました。食べきれないほどの料理を出してもらって大満足。地元の常連さんとも会話が弾み、楽しい思い出になりました。　（新潟県　小僧武士さん）

居酒屋　エリア 佐和田　MAP P.80B1

あんとん
あんとん

佐渡の旬を舌と目で味わう

佐渡の地魚や季節の野菜を、見た目も鮮やかに調理。皿や酒器もセンスにあふれ、お酒が進む一品メニューが充実。個室完備でゆったり過ごしたい人におすすめ。

交 佐和田BSから徒歩約13分
住 佐渡市中原687-8　電 (0259) 57-4511
時 11:30～14:00、18:00～23:00　休 不定休　駐車場 あり

特産品　エリア 佐和田　MAP P.80A1

喜右ェ門
きえもん

佐渡ならではの食材が勢揃い

海産物から野菜、日本酒、評判のパンまで、地元で話題の食材が何でも揃う便利な店。トキモチーフのデザインがかわいい佐渡牛乳は218円。

交 佐和田BSから徒歩約1分
住 佐渡市窪田6-2 佐渡セントラルタウン内　電 (0259) 57-5808
時 10:00～20:00　休 不定休　駐車場 あり

バー　エリア 佐和田　MAP P.80A1

酔処 アリの巣
よいどころ ありのす

ひとりで入っても楽しめるバー

佐渡出身の明るいママさんのお店。話を楽しんでいるうちに、いつの間にか地元の人とも意気投合。佐渡産のイカ一夜干し500円、コーヒー酎ハイ500円など、ちょい飲みに最適。

交 佐和田BSから徒歩約3分　住 佐渡市河原田諏訪町159-1
電 (0259) 52-5540　時 17:30～23:00　休 日曜、祝日　駐車場 なし

海産物　エリア 真野　MAP P.80B1

丸中商店
まるなかしょうてん

地元客も訪れるクチコミで評判の店

最高の食材を加工した、こだわりの商品が揃う。きちんと説明してくれ試食もできるので、納得の買い物ができるのがうれしい。

交 佐和田BSから車で約7分。または❶泉から徒歩約5分
住 佐渡市泉1345　電 (0259) 63-4770　時 8:00～18:00 (日曜は9:00～)　休 なし　駐車場 あり　URL www.sado-marunaka.net

特産品　エリア 西三川　MAP 折り込み④ B4

西三川くだもの直売センター
にしみかわくだものちょくばいせんたー

お得なアウトレット果物を探して

旬の果物を直売。夏にはスイカやモモ、秋にはカキ、リンゴ、ナシ、ブドウ。規格外なら味は変わらず格安。ジャムやジュースも。

交 佐和田BSから車で約25分。または❶田切須から徒歩約2分
住 佐渡市田切須517-4　電 (0259) 58-2045
時 10:00～18:00 (冬季は～17:00)　休 不定休　駐車場 あり

おみやげ　エリア 西三川　MAP 折り込み④ B4

佐渡西三川ゴールドパーク ゴールドショップ
さどにしみかわごーるどぱーく　ごーるどしょっぷ

金塊のアメなど遊びゴコロ満点

金粉入りのチーズケーキ1000円や金の延べ棒を模したお菓子をおみやげに。

交 佐和田BSから車で約25分。または❶西三川ゴールドパークからすぐ　住 佐渡西三川ゴールドパーク内→P.81
電 (0259) 58-2021
時 8:30～17:00 (5～8月は～17:30、12～2月は9:00～16:30)
休 なし　駐車場 あり　URL www.e-sadonet.tv/goldpark

おみやげ　エリア 真野　MAP P.80C3

佐渡歴史伝説館 お土産処
さどれきしでんせつかん　おみやげどころ

佐々木象堂の瑞鳥モチーフの装飾品も

佐渡の定番みやげが集まる。オリジナルの煎餅、太鼓番900円が人気。

交 佐和田BSから車で約15分。または❶真野宮前から徒歩約3分（土・日曜は❶佐渡歴史伝説館からすぐ）
住 佐渡歴史伝説館内→P.81
電 (0259) 55-2525　時 9:00～16:00
休 12～3月　駐車場 あり　カード 可　URL sado-rekishi.jp

特産品　エリア 真野　MAP P.80C3

真野観光センター
まのかんこうせんたー

数千万円は下らない巨大な赤玉石

佐渡の東岸で産出される赤玉石を加工販売。数千万円の庭石が圧巻。ブレスレット3000円など。

交 佐和田BSから車で約15分。または❶真野御陵入口から徒歩約20分　住 佐渡市真野448　電 (0259) 55-3333　時 8:00～17:00　休 12～3月
駐車場 あり　URL www.at-ml.jp/71084

Voice 佐渡の回転寿司で、弁慶（→P.83）と人気を二分するのが「すしや まるいし」。佐渡石原水産直営なので、新鮮な地魚を中心とした豊富なネタが揃う。住 佐渡市泉1031-1　電 (0259) 63-3066　時 11:00～21:00　休 木曜

ホテル　エリア 佐和田　MAP P.80A1

Ryokan 浦島
りょかん　うらしま

モダンな空間で楽しむ贅沢な海の幸

有名建築家による設計で、メゾネット風の和室やツインルームなどあらゆるニーズに対応。鮮魚店から始まった宿だけに、料理は素材から盛りつけまで徹底的にこだわる。スタッフは笑顔がさわやかな若手が多く、それもまた居心地のよさの秘密。

上／東館のデラックスツインは40㎡の広々とした空間　左下／伝統建築をイメージした東館とモダンデザインの南館　右下／新鮮な魚介を中心に、佐渡の食材を使った料理も楽しみ

交 佐和田BSから徒歩約3分　住 佐渡市窪田978-3　電 (0259) 57-3751　料 素1万1000円～、朝1万2100円～、朝夕1万5400円～　客室数 40室　駐車場 あり　カード 可　URL www.urasima.com

旅館　エリア 真野　MAP P.80C3

ご縁の宿 伊藤屋
ごえんのやど　いとうや

創業150年以上の歴史が薫る老舗旅館

明治初期に開業したと伝わる老舗旅館は、レトロな家具や装飾品など歴史を感じさせる空間が魅力。ミネラル豊富な佐渡海洋深層水をたたえたお風呂でゆったりくつろげる。食事は旬の食材で彩った懐石料理を満喫。評判の洋食店も併設している。

上／1995年に新館をリニューアル　左下／和室が15部屋　右下／古民具を配した交流スペース「○の間（えんのま）」

交 両津港から車で約30分。または❶真野新町から徒歩約1分　住 佐渡市真野新町278　電 (0259) 55-2019　料 素5830円～、朝6930円～、朝夕1万1000円～　客室数 15室　駐車場 あり　カード 可　URL itouyaryokan.com

ゲストハウス　エリア 佐和田　MAP P.80A1

Guest Villa on the 美一
げすとびらおんざびいち

気ままに過ごせる海辺のビラ

シェアスタイルのゲストラウンジから佐和田ビーチを一望。1階には佐渡食材をアレンジするフレンチ・イタリアン、清助 NextDoorを併設するほか、周囲には飲食店も充実。

交 佐和田BSから徒歩約3分　住 佐渡市河原田諏訪町207-76　電 (0259) 58-7077　料 素5000円～　客室数 5室　駐車場 あり　カード 可　URL bi-ichi.com

温泉旅館　エリア 佐和田　MAP P.80B2

八幡館
やはたかん

著名人も訪れる佐渡の迎賓館

真野湾や雄大な山脈を望む、松林に囲まれた宿。源泉かけ流しの八幡温泉は保湿・保温効果があると好評。立ち寄り湯の利用もできる。

交 両津港から車で約30分。または❶八幡温泉前からすぐ　住 佐渡市八幡2043　電 (0259) 57-2141　料 朝8400円～、朝夕9950円～　客室数 85室　駐車場 あり　カード 可　URL www.yahatakan.com

旅館　エリア 佐和田　MAP P.80B1

いせや新館
いせやしんかん

多様な施設でどんなゲストにも対応

旅館タイプの新館のほか、洋風のコンドミニアムや1棟貸しのヴィラなど複数の施設を展開。多彩な宿泊プランを用意している。

交 両津港から車で約30分。または❶河原田本町から徒歩約5分　住 佐渡市中原476-1　電 (0259) 57-3089　料 素5500円～、朝6600円～　朝夕7700円～　客室数 10室　駐車場 あり　カード 可　URL www.iseya-shinkan.com

温泉旅館　エリア 佐和田　MAP P.80A1

佐和田温泉 旅館 入海
さわだおんせん　りょかん　いりうみ

黒いモール温泉で知られる老舗

定置網をもつ網元の宿。昭和を感じさせるレトロモダンなインテリアが印象的。黒い湯で知られる佐和田温泉が有名。名物のオコゼ料理をぜひ。

交 両津港から車で約30分。または❶窪田から徒歩約3分　住 佐渡市窪田782　電 (0259) 52-3521　料 素6630円～、朝7710円～、朝夕1万950円～　客室数 17室　駐車場 あり　カード 可　URL iriumi.com

voice＜ 佐和田からの観光の起点となる佐和田BS（バスステーション）。両津方面への南線をはじめ、小木方面への小木線や赤泊線、相川方面の七浦海岸線など、ほとんどの路線の発着点となっているので、バスでの移動を楽しみたい人には便利。

金山で栄えた古都の面影を残す

MAP 折り込み④ A3

相川・七浦海岸

（あいかわ・ななうらかいがん）

江戸時代には金山で繁栄し、島の中心都市だった相川。山裾に広がる町では栄華を極めた頃の名残が見られる。隆起した奇岩が芸術的な七浦海岸は夕景の好スポット。

観る・遊ぶ

情緒漂う町は散歩にぴったり

相川には史跡佐渡金山をはじめ、金山で栄えた頃の面影を残す史跡や名所が集まる。坂の多い町を歩くだけでも当時の雰囲気を感じることができる。また南に延びる七浦海岸では、変化に富んだ地形を楽しめる。

買う

町の小さな店に掘り出し物が！

相川は中心部から離れた場所にホテルがあるため、おみやげもホテル内で買うことが多い。町には個性的な民芸品や手作り雑貨を扱う小さな店、ギャラリーなどがあり、町歩きの途中にふらりと寄るのが楽しい。

食べる・飲む

中心部に地元客も通う人気店が集まる

観光客の多いエリアではあるが、地元客に愛される名店が点在。隣に座った島の人と会話が弾むことも。新鮮な魚介を売りにした寿司屋や居酒屋を中心に、おしゃれなカフェや評判の焼き鳥屋なども見つかる。

泊まる

海を眺める絶景の宿で憩う

町の中心から少し離れた海岸沿いに、大型の旅館が点在。町まで出にくいので、レストランや売店、温泉など施設の整った宿が多い。旅館によっては相川の中心部まで、送迎をしてくれることもある。

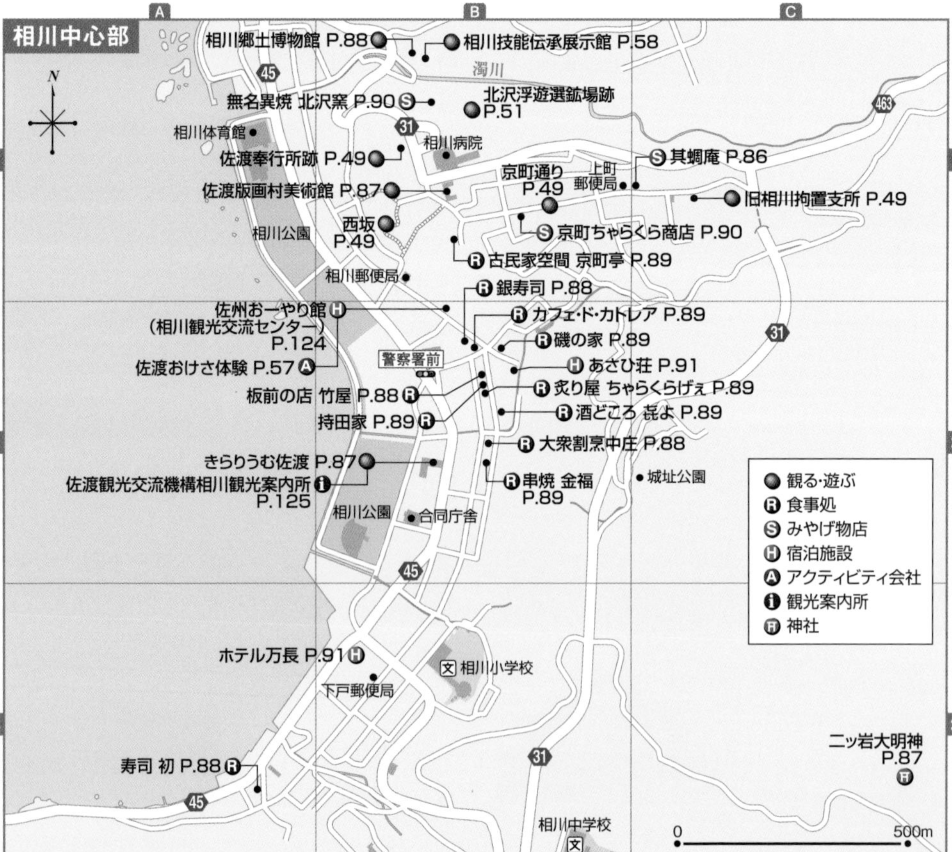

voice< 相川から金山を通り過ぎ、金井地区へと通り抜けるのが全長 30km の大佐渡スカイライン。道路沿いは絶景の連続で、気持ちのよいドライブを楽しめる。交流センター白雲台（→P.72）で、国中平野を眺めながらひと休み。

景勝地　エリア 相川　MAP 折り込み② A2

春日崎
かすがざき

佐渡随一のサンセットスポット

佐渡の西岸に突き出した春日崎。水平線に沈む夕日は佐渡を代表する絶景として名高い。海の間際に立つ灯明台は江戸時代のもので、航行の目印として火が入れられていた。

交 きらりうむ佐渡から車で約3分。またはⓘ春日崎からすぐ
駐車場 あり

神社　エリア 相川　MAP P.86C3

二ツ岩大明神
ふたついわだいみょうじん

佐渡ムジナの統領を祀った神社

佐渡にはムジナ（タヌキ）を祀っている神社が多く、なかでも統領の団三郎を祀っていることで有名なのが二ツ岩大明神。霊験あらたかな神社は、島民の信仰を集めている。

交 きらりうむ佐渡から車で約7分　住 佐渡市相川下戸村
駐車場 あり

景勝地　エリア 相川　MAP 折り込み② A2

千畳敷
せんじょうじき

目の前で見る日本海の荒波

弁天崎の沖に浮かぶ岩でできた島。遊歩道があるので海を渡ることができる。釣りや夕景スポットとしても知られており、磯では地元の人が夕食のために海藻や貝を取る姿も。

交 きらりうむ佐渡から車で約6分。またはⓘ千畳敷入口から徒歩約1分
駐車場 あり

地蔵　エリア 達者　MAP 折り込み② B1

目洗い地蔵
めあらいじぞう

有名小説に描かれた伝説が残る

小説『山椒大夫』で、盲目の母と厨子王が再会した地が達者海岸とされており、ここで目を開かせたとの伝説が残る。隣には地元のお母さんたちでにぎわう共同浴場がある。

交 きらりうむ佐渡から車で約8分。またはⓘ尖閣湾達者から徒歩約1分
駐車場 なし

景勝地　エリア 七浦海岸　MAP 折り込み② A3

夫婦岩
めおといわ

どちらが男でどちらが女？

高さ20mを超えるふたつの巨岩が並ぶ七浦海岸きっての景勝地。写真の左が妻で右が夫。日本全国にある夫婦岩のなかで、特に男女の特徴が明確とされる。夕日が美しい。

交 きらりうむ佐渡から車で約８分。またはⓘ夫婦岩前からすぐ
駐車場 あり

博物館　エリア 相川　MAP P.86B2

きらりうむ佐渡
きらりうむさど

佐渡の金銀山に詳しくなれる！

映像や展示により佐渡金銀山の歴史や技術が学べる。金山観光前に行くとよい。

交 両津港から車で約50分。またはⓘきらりうむ佐渡からすぐ
住 佐渡市相川三町目浜町18-1
電 (0259) 74-2215
時 8:30～17:00（最終入館16:30）　休 なし　料 展示室300円、小・中学生150円　駐車場 あり
URL www.city.sado.niigata.jp/z_ot/kirarium

景勝地　エリア 大平高原　MAP 折り込み② B1

乙和池
おとわいけ

悲しい伝説が残る神秘的な天然池

大佐渡スカイラインの途中、林道を入ったところにたたずむ天然池。池の中にある高層湿原性浮島は日本最大級を誇る。大蛇に見初められ入水した美女「おとわ」の伝説から名がついた。

交 きらりうむ佐渡から車で約22分　住 佐渡市山田1600-2
駐車場 あり

美術館　エリア 相川　MAP P.86B1

佐渡版画村美術館
さどはんがむらびじゅつかん

版画で学べる佐渡の暮らし

旧相川簡易裁判所を利用した美術館。髙橋信一氏の版画を中心に展示。

交 きらりうむ佐渡から車で約5分。またはⓘ佐渡版画村からすぐ　住 佐渡市相川米屋町38-2　電 (0259) 74-3931
時 9:00～17:00（最終入館16:30）　休 月曜、12～2月　料 400円、小・中・高校生200円
駐車場 あり

---

voice＜ 平安時代頃からの民衆芸能の説教節を森鴎外が小説にした『山椒大夫』。人買いにだまされ母と離ればなれになった安寿と厨子王の姉弟。山椒大夫のもとで労働を強いられるものの、安寿が命を賭し厨子王は脱出。後に、盲目となった母と佐渡で再会する。

博物館　エリア 相川　MAP P.86B1

相川郷土博物館
あいかわきょうどはくぶつかん

金山関係の資料、約 900 点が並ぶ

旧御料局佐渡支庁を利用し、小判や鉱具、鉱物など約 900 点と相川の美術品や民俗資料を展示する。

交 きらりうむ佐渡から車で約3分。または❶相川から徒歩約15分　住 佐渡市相川坂下町20　電 (0259) 74-4312　時 8:30～17:00　休 12～2月の土・日曜、祝日　料 300円、小・中学生100円　駐車場 あり

寿司　エリア 相川　MAP P.86A3

寿司 初
すし はつ

旬の食材を使う家庭料理もおいしい

ていねいな仕込みと旬のネタにこだわった生にぎりは並 900 円。一品料理はないが、仕入れによって焼き魚などを 1000 円からおまかせで見つくろってくれる。

交 きらりうむ佐渡から徒歩約10分　住 佐渡市相川下戸炭屋浜町131-2　電 (0259) 74-0124　時 12:00～13:30、17:00～23:00　休 日曜（応相談）　駐車場 あり

寿司　エリア 相川　MAP P.86B2

銀 寿 司
ぎんずし

佐渡沖で取れた四季折々の魚介を握る

職人歴 45 年以上のご主人が、その時期にいちばんおいしい地魚を握る。相川の中心地にあり、遠くから訪れる常連客の姿も。メニューにはないが一品料理もオーダーできる。

上／地魚を盛り合わせたさど寿司 1800 円　左下／ゆっくり食事ができる雰囲気　右下／光が入り明るい店内

交 きらりうむ佐渡から徒歩約5分　住 佐渡市相川羽田町65　電 (0259) 74-3911　時 11:30～14:00、17:00～22:00　休 月曜　駐車場 あり

居酒屋　エリア 相川　MAP P.86B2

大衆割烹中庄
たいしゅうかっぽうなかしょう

食事にも飲みにも使える和風居酒屋

刺身や焼き魚をはじめ、ひと手間かけた一品料理が揃う居酒屋。定食や丼など食事メニューも充実しており、なかでもボリュームたっぷりの海鮮丼 1300 円は自慢の一品。

左／ワタの塩漬けをのせたイカ丼 1000 円　右上／カウンターに常連客が集う　右下／モダンなエントランス

交 きらりうむ佐渡から徒歩約3分　住 佐渡市相川二町目1　電 (0259) 74-3901　時 11:30～14:00、17:00～22:00（L.O. 20:30）　休 日曜　駐車場 あり

和食　エリア 相川　MAP P.86B2

板前の店 竹屋
いたまえのみせ たけや

漁師料理も味わえる評判の食事処

元漁師が板場に立つ現地情報誌の常連店。刺身もおいしいが、イカのワタと赤味噌で野菜やマイカを蒸し焼きにしたイカのゴロ焼き 2400 円（2 人前）が名物料理。

左／迷ったときは、お刺身定食 1850 円を頼んでおけば間違いなし！　上／店の入口は相川天領通り商店街にあり入りやすい

交 きらりうむ佐渡から徒歩約4分　住 佐渡市相川一町目5-3　電 (0259) 74-3328　時 11:00～14:00、17:00～22:00（L.O.21:30）　休 日曜の夜　駐車場 あり

voice　佐渡ではタヌキのことをムジナと呼び、ムジナを祀った神社も多い。最も有名なのは佐渡ムジナの統領を祀った二ッ岩大明神（→ P.87）で、赤泊徳和の禅達、潟上の才喜坊、関のさぶと、おもやの源助が四天王といわれている。

カフェ　エリア 相川　MAP P.86B1

古民家空間 京町亭
こみんかくうかん きょうまちてい

相川の海と町を一望する美景カフェ

高台に立つ古民家を改修した一軒家カフェ。海を眺めながら、島食材のプレートランチやパスタを味わえる。佐渡産フルーツを使った特製パイ 800 円などデザートも充実。

上／フルーツたっぷりの京町特製ワッフル 700 円
右上／絶景が広がるカウンター
右下／路地の奥にある

交 佐渡きらりうむから徒歩約16分　住 佐渡市相川八百屋町13　電 (0259) 67-7538　時 11:30～16:00 (L.O.15:00) ※ランチは～14:00 (L.O.)　休 火・水曜　駐車場 なし　URL kyoumachi.xsrv.jp

食堂&居酒屋　エリア 相川　MAP P.86B2

持田家
もちだや

鮮魚店直営ならではの厳選食材！

佐渡の魚介を中心に、旬の食材を使った定食や丼が味わえる。人気は海の幸たっぷりの海鮮丼 1400 円。

交 佐渡きらりうむから徒歩約4分　住 佐渡市相川一町目7　電 (0259) 67-7268　時 11:00 ～ 14:00 (L.O.13:30)、18:00 ～ 21:00 (L.O.20:30)　休 月曜、日曜の夜　駐車場 あり　カード 可　URL www.mochidaya.net

居酒屋　エリア 相川　MAP P.86B2

酒どころ きよ
さけどころ きよ

地元客おすすめの家庭的な居酒屋

カウンターから埋まっていくアットホームな店を切り盛りするのは、常連に愛されるきよみママ。イカの味噌漬けなど、佐渡の家庭の味を食べさせてくれる。

交 佐渡きらりうむから徒歩約4分　住 佐渡市相川一町目裏町 4-1　電 (0259) 74-2481　時 17:00 ～ 23:00　休 木曜（祝日を除く）　駐車場 あり　カード 可

そば・うどん　エリア 相川　MAP P.86B2

磯の家
いそのや

そばからうどん、ご飯ものまで充実

ランチタイムは地元客でにぎわう人気の店。食事メニューのなかでいち押しは天ぷら盛り合わせとミニそばがセットになった磯の家の大立堅坑 950 円。

交 きらりうむ佐渡から徒歩約5分　住 佐渡市相川江戸沢町16　電 (0259) 74-2213　時 11:00～19:00 (木曜は～13:00)　休 なし　駐車場 あり

居酒屋　エリア 相川　MAP P.86B2

炙り屋 ちゃらくらげぇ
あぶりや ちゃらくらげぇ

食材のよさを炭火で引き出す

島の若者が集まる居酒屋は、魚介や肉、野菜などを豪快に炭火で炙った料理が名物。おもに佐渡の食材を使い、刺身 700 円など一品料理も用意している。

交 佐渡きらりうむから徒歩約3分　住 佐渡市相川一町目 12　電 (0259) 74-2067　時 18:00 ～ 24:00　休 水曜　駐車場 なし　URL r890600.gorp.jp

焼き鳥　エリア 相川　MAP P.86B2

串焼 金福
くしやき きんぷく

カウンターだけのうわさの名店

佐渡で焼き鳥といったら金福と、他エリアでも知られた存在。大ぶりの串をカウンターの目の前で焼いてくれる。正肉や皮、つくねなどが 1 本 220 円。ワインや佐渡産の日本酒も揃っている。

交 きらりうむ佐渡から徒歩約2分　住 佐渡市相川二町目9　電 (0259) 74-3934　時 17:00～23:00　休 日曜　駐車場 なし

カフェ　エリア 相川　MAP P.86B2

カフェ・ド・カトレア
かふぇ・ど・かとれあ

創業 50 年以上のレトロな喫茶店

農薬や化学肥料を使わずに育てたオーガニックコーヒーがこだわり。店主が集めた多彩なカップで楽しむブレンドコーヒー 400 円のほか、ケーキセット 600 円～もおすすめ。

交 きらりうむ佐渡から徒歩約4分　住 佐渡市相川羽田町67　電 (0259) 74-3348　時 9:00～22:30　休 なし　駐車場 あり

voice＜ 佐渡金山が開発される 1601 年までは羽田村という小さな集落だった相川。しかし開山後の人口は約 20 年間で推定 5 万人に達したとされ、坑夫や技術者はもちろん、彼らの生活を支える飲食店や商店でにぎわった。

おみやげ　エリア 相川　MAP 折り込み② B2

史跡佐渡金山 お土産処
しせきさどきんざん　おみやげどころ

金山グッズの掘り出し物を探そう

史跡佐渡金山に併設されたショップ。金山だけに、金粉入りゆず茶650円や本物の金を購入できる。

交 きらりうむ佐渡から車で約6分。または🅑佐渡金山前からすぐ
住 史跡佐渡金山内（→P.50）
電 (0259) 74-2389　時 8:00～17:30（11～3月は8:30～17:00）
休 なし　駐車場 あり　カード 可

特産品　エリア 相川　MAP P.86B1

京町ちゃらくら商店
きょうまちちゃらくらしょうてん

地元の人が集う京町のよりどころ

ジュースや駄菓子を片手に休憩できるどこか懐かしい雰囲気の商店。相川産の魚介類の加工品など佐渡の名産も販売。アゴだしのポン酢586円はおみやげに最適。

交 きらりうむ佐渡から徒歩約15分　住 佐渡市相川下京町19-2　電 (0259) 67-7907
時 9:30～16:00　休 水曜　駐車場 なし

特産品　エリア 相川　MAP P.86B1

無名異焼 北沢窯
むみょういやき きたざわがま

旅の思い出に佐渡の逸品を

相川技能伝承館に隣接した窯元。伝統的な朱一色の無名異焼のほか、釉薬やデザインに工夫を凝らした普段使いできる食器が揃う。

交 きらりうむ佐渡から徒歩約15分　住 佐渡市相川北沢町3-1　電 (0259) 74-3280　時 8:30～17:00　休 11～3月の土・日曜、祝日　駐車場 あり　カード 可　URL kitazawagama.com

民芸品　エリア 相川　MAP P.86C1

其 蜩 庵
きっちょうあん

機の音が心地よいギャラリー

竹細工や草木染めなど、佐渡の作家の作品を展示販売。店頭では、ねまり機で裂き織りが行われている。裂き織りバッグやミニポーチのほか、骨董品も並ぶ。

交 きらりうむ佐渡から徒歩約18分　住 佐渡市相川上京町12　電 (0259) 74-2550
時 10:00～16:00　休 月・火曜、1～2月　駐車場 あり

温泉旅館　エリア 七浦海岸　MAP 折り込み② A2

佐渡リゾートホテル吾妻
さどりぞーとほてるあずま

ドラマチックな夕日に包まれる

約7000坪の広大な敷地から日本海をパノラマで眺められる絶景の宿。特に夕日の美しさは島内随一と評判。早朝と夕方には、海を見ながらのヨガレッスンが無料で開催される。相川温泉をひいた大浴場からも雄大な海を望める。

上／シックな和モダンのデザイン　左下／海を一望する庭に、パラソルやブランコが　右下／オーシャンビューツインルーム

交 両津港から車で約50分。または🅑大浦西からすぐ
住 佐渡市相川大浦548-1　電 (0259) 74-0001
料 素7700円～、朝9350円～、朝夕1万4300円～　客室数 55室
駐車場 あり　カード 可　URL hotel-azuma.jp

温泉旅館　エリア 七浦海岸　MAP 折り込み② A3

ホテルめおと
ほてるめおと

雄大な日本海に面したくつろぎの空間

七浦海岸を代表する名勝、夫婦岩の隣に立つ温泉宿。全室から日本海を一望でき、特に夕日の美しさは格別。レストラン夫婦岩を併設している。

交 両津港から車で約50分。または🅑夫婦岩前からすぐ　住 佐渡市高瀬1267-5
電 (0259) 76-2511　料 素3930円～、朝5010円～、朝夕7710円～
客室数 32室　駐車場 あり　カード 可　URL meoto.net

温泉旅館　エリア 七浦海岸　MAP 折り込み② A2

いさりびの宿 道遊
いさりびのやど どうゆう

相川の景勝地、春日崎の絶景旅館

春日崎まですぐの高台に立ち、全室オーシャンビューの美景が魅力。地産地消をモットーにした料理をはじめ、総合的に満足できる滞在を演出。

交 両津港から車で約40分。または🅑春日崎から徒歩約3分　住 佐渡市相川鹿伏333-1
電 (0259) 74-3381　料 素5550円～、朝7710円～、朝夕8790円～
客室数 10室　駐車場 あり　カード 可　URL douyuu.com

voice　七浦海岸は相川市街の南、鹿伏から二見まで約10kmの海岸線。七つの集落があるところからこの名で呼ばれる。典型的な隆起海岸で、奇岩が点在する不思議な雰囲気。さまざまな伝説が残る地でもある。

温泉旅館 エリア 七浦海岸 MAP 折り込み② A2

ホテル大佐渡

ほてるおおさど

潮の香りが心地よい夕日の宿

佐渡の西海岸から日本海を一望する、全室オーシャンビューの温泉旅館。目の前の春日崎は佐渡随一のサンセットスポットとして知られる。食事は創意工夫を凝らした調理や盛りつけの創作海鮮。いつ訪れても、佐渡のうま味を楽しめる。

上／水平線に沈む夕日が見える部屋も　左下／地物中心の海鮮料理　右下／ラウンジからの夕日も情緒豊か

交 両津港から車で約1時間。または🅑春日崎からすぐ
住 佐渡市相川鹿伏288-2　電 (0259) 74-3300
料 素8800円～、朝1万560円～、朝夕1万3200円～　客室数 74室
カード 可　駐車場 あり　URL hotel-oosado.jp

温泉旅館 エリア 七浦海岸 MAP P.86B3

ホテル万長

ほてるまんちょう

著名な芸術家が手がけた作品が並ぶ美術旅館

相川湾に面した温泉旅館。明治時代から収集する美術品が並び、高村光雲の彫刻や池大雅の絵画など、どれも歴史的価値の高いものばかり。露天風呂からの美しい夕日を堪能したら、佐渡の魚介類を厳選したコース料理を召し上がれ。

上／窓から日本海を眺める和室　左下／海風を感じる露天風呂　右下／収蔵する約300の古美術品の一部を公開する

交 両津港から車で約50分。または🅑相川下戸からすぐ
住 佐渡市相川下戸町58　電 (0259) 74-3221
料 素7150円～、朝8250円～、朝夕1万1000円～　客室数 74室
駐車場 あり　カード 可　URL www.hotel-mancho.jp

民宿 エリア 七浦海岸 MAP 折り込み② A3

民宿 七浦荘

みんしゅく ななうらそう

部屋から眺める漁火が旅情をそそる

七浦海岸を見下ろす高台に立ち夕日を眺めるには最高のロケーション。自家製野菜や佐渡産食材を和洋にアレンジしておもてなし。

交 両津港から車で約50分。または🅑橘長手岬から徒歩約3分　住 佐渡市橘1586-3
電 (0259) 76-2735　料 素5720円～、朝6600円～、朝夕8250円～
客室数 12室　駐車場 あり　カード 可　URL www.nanaurasou.com

民宿 エリア 七浦海岸 MAP 折り込み② A3

敷島荘

しきしまそう

亭主が自ら漁で取る新鮮魚介が並ぶ

目の前に海が広がる好立地。料理は宿の漁船や間近の漁港で水揚げした天然海鮮が中心。展望風呂では夕日に染まる海を眺めながらくつろげる。

交 両津港から車で約50分。または🅑稲鯨西から徒歩約5分　住 佐渡市稲鯨1354
電 (0259) 76-2640　料 素5076円～、朝6156円～、朝夕7776円～
客室数 28室　駐車場 あり　URL www.sado-shikishima.com

民宿 エリア 七浦海岸 MAP 折り込み② A2

民宿たきもと

みんしゅくたきもと

目の前のビーチは家族旅行に最適

眼下に七浦海岸を見渡し、磯遊びや海水浴を楽しめる海岸までは歩いてすぐ。佐渡の魚介はもちろん、取れたての海藻を使った料理も人気。

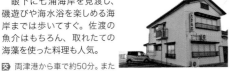

交 両津港から車で約50分。または🅑大浦西からすぐ　住 佐渡市相川大浦1429-3
電 (0259) 74-3103　料 素4950円～、朝6050円～、朝夕7920円～
客室数 11室　駐車場 あり　URL minsyukutakimoto.com

民宿 エリア 相川 MAP P.86B2

あさひ荘

あさひそう

相川の飲食街へのアクセスが抜群

相川市街地の中心部という好立地で、食事処や観光地へ歩いて繰り出せる。特に金山観光には最適。リーズナブルでひとり旅の利用にもおすすめ。

交 両津港から車で約50分。または🅑相川から徒歩約5分　住 佐渡市相川江戸沢町23-2
電 (0259) 74-2246　料 素4950円～、朝6050円～、朝夕7920円～
客室数 5室　駐車場 あり

voice＜ 佐渡の西岸に位置する相川は夕日の町。夫婦岩や春日崎など七浦海岸沿いの有名スポットはもちろん、相川湾沿いの海岸や佐渡奉行所跡、京町周辺の高台からも、海に沈む夕日を眺められる。

MAP 折り込み④ A4 ～ B4

小木・宿根木（おぎ・しゅくねぎ）

かつては金山から産出された金銀を積み出す港として、また北前船の寄港地として繁栄した小木・宿根木。ひなびた町並みや伝統文化に魅かれ観光客が訪れる。

観る・遊ぶ

かつて栄えた港町で佐渡の文化に触れる

今でも現役で漁に使われるたらい舟は、佐渡らしい風景のひとつ。小木港と矢島・経島の２ヵ所で体験できる。また江戸時代に回船業の集落として発展した宿根木は、石畳の路地や板壁の家屋などが風情を感じさせるとして、町歩きのメインスポットになっている。

買う

品揃え豊富なみやげ物店は２軒のみ

小木や宿根木の集落を歩いても、おみやげを売っているような店は見つからない。海産物やお菓子をまとめて買うなら、小木港近くの小木家か、たらい舟が出港する小木マリンターミナルが便利だ。「音楽と陶芸の宿 花の木」では、上質な椿油を販売している。

食べる・飲む

情緒あふれる集落に地元客も訪れる店が

小木の集落に寿司店や海鮮料理店、居酒屋などが集まっている。中心となるのはやはり魚介や海藻など新鮮な海の幸。香り高いそばに直接だしをかけて食べる、ぶっかけそばも小木の名物として親しまれている。宿根木集落にある古民家を改装した和カフェも人気。

泊まる

小さな民宿で暮らすようにくつろぐ

ほかのエリアのような大きい旅館はなく、10室前後のこぢんまりとした旅館やアットホームな民宿に泊まる。歴史を感じさせる古民家を改装したような宿が多く、ほとんどが長年親しまれてきた老舗。大半は小木の集落内か、宿根木まで徒歩圏内の海岸沿いに立つ。

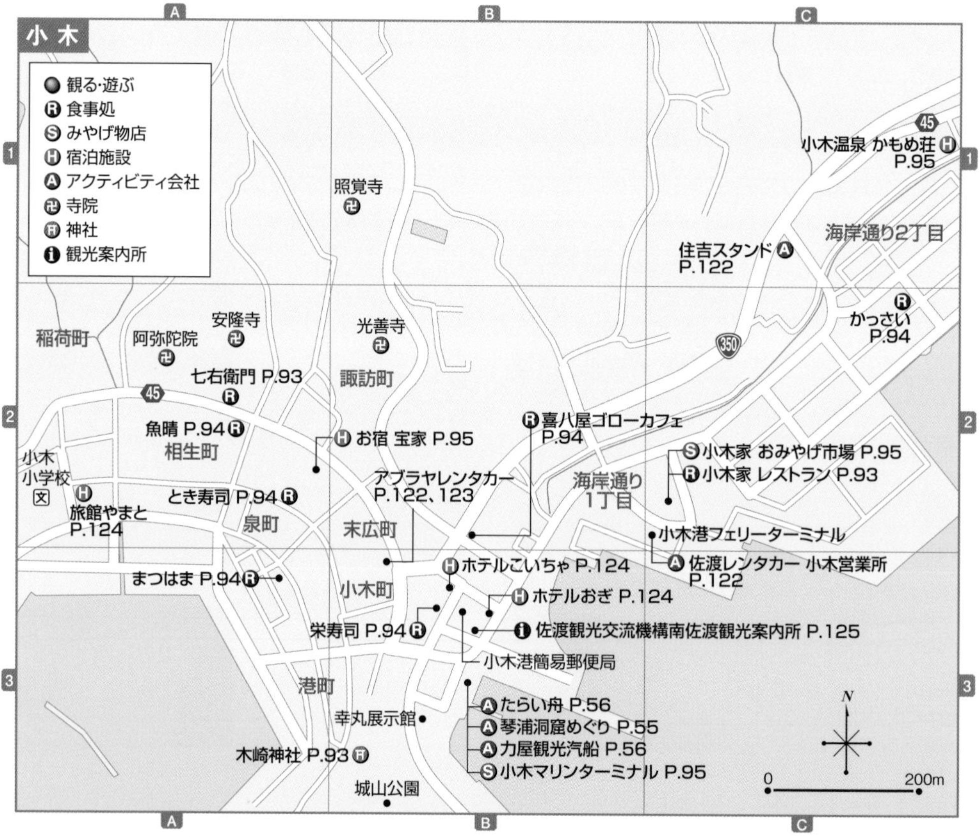

Voice

小木半島の標高 175m の台地にある長者ヶ平遺跡からは、縄文時代中期の住居跡や土器、石器などが発掘されている。見つかった土器は東北から北陸、関東まで多様な地域から伝わっており、当時の人たちが盛んに佐渡へ往来していたことがわかる。

景勝地　エリア 小木　MAP 折り込み④ A4

沢崎鼻灯台
さわさきはなとうだい

夕日に染まる佐渡最西端のランドマーク

佐渡の南西端から日本海に臨む灯台。眼下には枕状溶岩でできた荒々しい磯が広がる。夕日の好スポットとして知られ、小木方面に戻った深浦大橋から遠目に眺める風景が抜群。

交 小木港から車で約15分。または❶沢崎から徒歩約7分
駐車場 なし

寺院　エリア 小木　MAP 折り込み④ B4

蓮華峰寺
れんげぶじ

真言の霊地とされるアジサイ寺

佐渡が都の鬼門にあたるとして、弘法大師が開山したといわれる寺院。金堂や弘法堂、骨堂は国の重要文化財に指定されている。7月はアジサイが咲き乱れ、アジサイ寺とも呼ばれる。

交 小木港から車で約10分。または❶小木温泉前から徒歩約30分
住 佐渡市小比叡182　電 (0259) 86-2530　駐車場 あり

景勝地　エリア 小木　MAP 折り込み③ B2

虫谷の入江
むしやのいりえ

地元でも知る人ぞ知る神秘的な海岸

小さな集落の先に開ける静かな入江。天気や太陽光など条件が揃うと海面がサファイヤブルーに輝く。力屋観光汽船のボートや小木ダイビングセンターのカヤックでアクセスする。

交 小木港から車で約15分。または❶矢島遊園前から徒歩約10分
駐車場 なし

神社　エリア 小木　MAP P.92B3

木崎神社
きざきじんじゃ

漁師が航海安全を祈った港の神社

城山の登り口に立つ港の守り神。佐渡の初代奉行、大久保長安が建立したとされる。航海の無事を祈り、多くの船絵馬が奉納されているのがユニーク。8月は小木港祭りでにぎわう。

交 小木港から徒歩約6分　住 佐渡市小木町栄町102
電 (0259) 86-3575　駐車場 あり

景勝地　エリア 小木　MAP 折り込み③ B2

矢島・経島
やじま・きょうじま

朱の橋が印象的な箱庭のような景観

たらい舟で人気の観光地。矢島は良質な矢竹の産地で、源頼政がヌエ退治にここの矢を使ったと伝わる。また経島は日蓮の赦免状を持った高弟の日朗が漂着した地といわれている。

交 小木港から車で約10分。または❶矢島入口から徒歩約10分
住 佐渡市小木　駐車場 あり

そば　エリア 小木　MAP P.92A2

七右衛門
しちえもん

著名人にも愛されたぶっかけそば

小木名物ぶっかけそばの名店として、200年近い歴史を誇る。毎日手打ちする十割そばは香りが濃く、ほのかに甘い秘伝のだしとの相性は抜群。1杯550円。

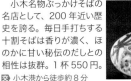

交 小木港から徒歩約8分
住 佐渡市小木町643-1　電 (0259)86-2046　時 11:00～14:00
休 木曜　駐車場 あり　予約 当日9:00までに必要

地蔵　エリア 小木　MAP 折り込み③ B2

岩屋洞窟・幸福地蔵
いわやどうくつ・しあわせじぞう

神秘的な小木のパワースポット

海抜100mの岩山の中に海食洞窟があり、内部には平安時代の作といわれる摩崖仏が。入口には四国八十八ヵ所にならって88体の石仏が並び、少し歩くと高さ約17.5mの幸福地蔵が立つ。

交 小木港から車で約10分。または❶宿根木新田から徒歩約2分
駐車場 なし

海鮮料理　エリア 小木　MAP P.92C2

小木家 レストラン
おぎや れすとらん

ご当地グルメのブリカツ丼に注目

小木港に隣接するレストラン&みやげ物店。旬の刺身がのった南蛮エビ丼1700円をはじめ、天然のブリを揚げたブリカツ丼1296円など名物料理を楽しめる。

交 小木家 おみやげ市場3階
→P.95　電 (0259) 86-3666　時 10:30～14:00　休 12～2月
駐車場 あり　URL sado-ogiya.com

voice＜ 佐渡の名物たらい舟。小木地方の海岸線は溶岩質の岩礁が続くため船での乗り入れが難しく、江戸から明治頃にかけて洗濯用のたらいを改良し、サザエやアワビの漁に使うようになった。観光用は船底に窓がついていて水中をのぞけるものもある。

海鮮料理 エリア 小木 MAP P.92A2

魚晴
うおはる

旬の魚介が揃う魚屋直営の店

1階が魚屋、2階が食事処になっており、店頭の魚を調理してくれる。仕入れにより旬の魚介を盛り合わせた刺身定食1600円や海鮮丼1800円が人気。

交 小木港から徒歩約7分
住 佐渡市小木町415-1 電 (0259) 86-2085 時 11:00～14:00
休 不定休 駐車場 あり

寿司 ※閉店しました エリア 小木 MAP P.92A2

とき寿司
ときずし

旬のネタを握るシンプルな寿司

季節の食材をふんだんに使った寿司が地元客にも評判のお店。にぎり900円～、刺身盛り1200円など。大ぶりの玉子巻寿司850円が名物。

交 小木港から徒歩約8分
住 佐渡市小木町330-5 電 (0259) 86-2534 時 11:00～13:00、17:00～22:00 休 1・10・20日 駐車場 あり

居酒屋 エリア 小木 MAP P.92A3

まつはま
まつはま

地酒を片手に郷土料理を堪能

刺身や郷土料理も食べられる小料理屋。甘エビの塩焼き450円、いごねり450円などをはじめ、刺身定食1430円といった食事メニューも揃う。

交 小木港から徒歩約10分
住 佐渡市小木町1940-32 電 (0259) 86-2851
時 11:30～13:30、17:00～22:00 休 第1・3日曜 駐車場 あり

居酒屋 エリア 小木 MAP P.92C2

かっさい
かっさい

割烹ひと筋50年以上の女将さんのお店

佐渡で取れた海鮮や山菜が魅力。小木港に近く、来島のたびに寄るファンも多い。海鮮丼と刺身定食が1750円。焼サザエ（時価）ほか、一品料理も豊富。

交 小木港から徒歩約7分
住 佐渡市小木町1977 電 (0259) 86-2124
時 11:00～14:00、17:00～22:00 休 第1・3日曜 駐車場 あり

カフェ エリア 小木 MAP P.92B2

喜八屋ゴローカフェ
きはちやごろーかふぇ

旧喜八屋旅館の奥にある隠れ家カフェ

明治38年に建てられ昭和45年まで旅館だった建物の1階に、ジャズが流れる居心地のよい空間がある。自家焙煎のコーヒーと、佐渡食材を使った軽食やスイーツを味わえる。

上／柔らかな光が差し込む 左下／国登録有形文化財の建物 右下／羽茂のはちみつを添えたフレンチトースト500円

交 小木港から徒歩約5分 住 佐渡市小木町56-1 電 090-1031-7835 時 10:30～17:00 休 月・火曜※不定休あり 駐車場 あり
カード 可 URL www.facebook.com/kihachiya56cafe

フレンチ エリア 宿根木 MAP 折り込み③ A2

北前船邸宅あなぐち亭
きたまえぶねていたくあなぐちてい

宿根木散策のルートに入れたい古民家フレンチ

かつての回船主の屋敷を改修したフレンチ。佐渡の食材を使ったランチコース2200円～などを楽しめる。

交 小木港から車で約15分。または❶宿根木から徒歩約3分 住 佐渡市宿根木402 電 (0259) 58-7227 時 11:00～17:00（ランチは～14:00）※夜は3日前までに予約
休 日～火曜 駐車場 あり カード 可 URL www.anaguchi.com

寿司 エリア 小木 MAP P.92B3

栄寿司
さかえずし

ネタの大きさにビックリ

寿司職人歴40年以上という大将がカウンターに立つ。安くてうまい寿司を目指し、ネタの大きさは佐渡でも一、二を争うとか。地元の常連客の姿も多い。

交 小木港から徒歩約3分
住 佐渡市小木町66-1 電 (0259) 86-3898
時 11:00～14:00、17:00～22:00 休 不定休 駐車場 あり

voice< 2010年に考案され、佐渡のご当地グルメとなった佐渡天然ブリカツ丼。一般的に出回るブリはほとんどが養殖だが、天然ものが水揚げされるのが佐渡の強み。衣もたれもご飯も、すべて佐渡産にこだわるのがルール。加盟店で楽しめる。

おみやげ　エリア 小木　MAP P.92B3

小木マリンターミナル
おぎまりんたーみなる

オリジナル商品をはじめ多彩な品揃え

たらい舟が出る港に立つ。海産物を中心に、お菓子や調味料、雑貨などが並ぶ。

交 小木港から徒歩約5分
住 佐渡市小木町1935
電 (0259) 86-3153　時 8:20～17:00（8月11～16日は8:00～、10月26日～11月25日は～16:30、11月26日～2月28日は9:00～16:00）　休 なし　駐車場 あり
カード 可　URL park19.wakwak.com/~rikiyakankou

温泉旅館　エリア 赤泊　MAP 折り込み④ B4

サンライズ城が浜
さんらいずじょうがはま

目の前は穏やかな海水浴場

赤泊港からすぐの温泉旅館。目の前の城が浜海水浴場は、防波堤に守られ遠浅なので子供でも安心。農業体験プランなどが充実している。

交 小木港から車で約30分。または🅑サンライズ城が浜からからすぐ　住 佐渡市三川2915
電 (0259) 87-3215　料 素5599円～、朝6950円～、朝夕9649円～
客室数 12室　駐車場 あり　URL www.akadomari.com

おみやげ　エリア 小木　MAP P.92C2

小木家 おみやげ市場
おぎや おみやげいちば

小木港そばのおみやげデパート

佐渡みやげを豊富に揃えた、小木随一の大型店。人気はチョコレート菓子の朱鷺の子抹茶650円。もちろん干物などの海産物も充実している。

交 小木港から徒歩約1分
住 佐渡市小木町1950-7　電 (0259) 86-3666　時 9:00～16:30
休 12～2月　駐車場 あり　URL sado-ogiya.com

旅館　エリア 小木　MAP P.92A2

お宿 宝家
おやど たからや

港まで歩ける家庭的な老舗宿

小木の商店街に立つ落ち着きある宿。新鮮な魚介を中心に地の食材を使った料理は、個室で食べられる。ノスタルジックな小木の町を散策するのにぴったり。

交 小木港から徒歩約10分　住 佐渡市小木町280-1　電 (0259) 86-3165　料 素5500円～、朝8250円～、朝夕1万1000円～
客室数 8室　駐車場 あり　URL sado-takaraya.sakura.ne.jp

旅館　エリア 宿根木　MAP 折り込み③ B2

音楽と陶芸の宿 花の木
おんがくととうげいのやど　はなのき

日本の原風景の中にたたずむ静閑な宿

森と田園に囲まれた隠れ家的な宿。母屋は150年前の古民家を移築したもので、高い天井や太い梁に木のぬくもりが漂う。中庭を挟んだ離れには、稲穂が揺れる音が聞こえてくる。佐渡の海の幸と山の幸をふんだんに使った料理に心が休まる。

上／佐渡の味覚を贅沢に味わえる　左下／稲田を見渡す離れの客室　右下／大きな木々が茂る開放的な中庭

交 小木港から車で約8分。または🅑宿根木新田から徒歩約2分
住 佐渡市宿根木78-1　電 (0259) 86-2331　料 素6600円～、朝7150円～、朝夕1万2100円～　客室数 7室　駐車場 あり　カード 可
URL www.sado-hananoki.com

温泉旅館　エリア 小木　MAP P.92C1

小木温泉 かもめ荘
おぎおんせん かもめそう

小木港から徒歩圏内の天然温泉

かわいい宿の名称は、宿の前に浮かぶ島で羽を休めるかもめに由来。源泉かけ流しの露天風呂と大浴場は、アルカリ性が強く肌がツルツルになる。港であがった地魚の刺身や煮物が豪勢に並ぶ海鮮料理に定評あり。素泊まりも歓迎。

上／地元の人も一目置く美肌の湯　左下／小木を中心に佐渡産の食材が並ぶ　右下／明るいエントランス

交 小木港から徒歩約10分。または🅑小木温泉前からすぐ　住 佐渡市小木町11-7　電 (0259) 86-2064　料 素6600円～、朝7700円～、朝夕1万1000円～　客室数 11室　カード 可　駐車場 あり
URL sado-kamomesou.com

voice＜ 小木マリンターミナルでは、たらい舟のほかに高速観光船も運航。矢島・経島や新谷岬、南仙峡、沢崎鼻灯台などのコースがあり、複雑な地形に縁どられた小木半島を海から見ることができる。

起伏に富んだ風光明媚な海岸線

MAP 折り込み④ B1 ～ B2、C1

外海府（そとかいふ）

尖閣湾から弾崎まで、約 50km にわたって断崖絶壁が連なる荒々しい海岸線。大野亀や二ツ亀など奇岩も多く、かつては神話や伝説が残る秘境だった。

観る・遊ぶ

ダイナミックな自然

冬の厳しい波や強風に削られた、入り組んだ海岸線と巨岩が見どころ。夏は海水浴客が多く、キャンプや釣りの好ポイントも多い。

食べる・飲む

基本はホテルで食べる

小さな集落が点在するだけの外海府には食事処はほとんどないため、基本的にホテルや旅館で食べる。夏季限定の宿もあるので注意。

買う

姫津周辺の海産物

北部にはみやげ物店はなく、ホテル内の売店くらい。尖閣湾や姫津には、干物や塩辛など海産加工品を扱う店がいくつかある。

泊まる

料理自慢の宿が多い

SADO 二ツ亀ビューホテルをはじめ、眺めのよい個性的な宿が多い。どの宿も新鮮な魚介を中心とした、おいしい料理が魅力的。

景勝地　エリア 外海府　MAP 折り込み④ B1

大野亀（おおのがめ）

頂上からは外海府を一望

標高 167m の切り立った一枚岩が海に突き出した神秘的な岸壁。全体をすっぽりと緑に覆われ、初夏には黄色いトビシマカンゾウに彩られる、佐渡を代表する美景が見られる。

交 両津港から車で約 55 分。または❶大野亀から徒歩約 1 分
駐車場 あり

寺院　エリア 外海府　MAP 折り込み④ B2

石名清水寺（いしなせいすいじ）

巨樹に守られた由緒正しき寺

806年開基と縁起に残る古刹。木喰行者の弾誓が悟りを開き、1781年に行道が釈迦堂を再建。薬師如来坐像や地蔵尊立像などを残している。

交 両津港から車で約 1 時間 30 分。または❶石名北からすぐ　住 佐渡市石名 185
電 (0259) 78-2037　駐車場 なし　URL sadoreijoukai.jp/seisuiji

景勝地　エリア 外海府　MAP 折り込み④ B2

平根崎（ひらねざき）

海岸にあいた不思議な穴

海岸の巨大な岩盤に大小無数の穴があいた波蝕甌穴群が、国の天然記念物に指定されている。これは海水の渦紋浸食によってできたもの。数の多さは世界有数といわれる。

交 両津港から車で約 1 時間 10 分。または❶平根崎からすぐ
駐車場 あり

景勝地　エリア 姫津　MAP 折り込み② A1

姫津大橋（ひめづおおはし）

思わず駆け上りたくなってしまう橋

虹のようなアーチが美しい姫津のシンボル。橋の上からは紺碧の海を見渡せ、先には釣りを楽しめる防波堤が。日没時に茜色に染まる空と橋がロマンティック。

交 佐渡西警察署から車で約 15 分。または❶姫津から徒歩約 7 分　住 佐渡市姫津 306-1
時 9:00 ～ 16:00　休 11 月～ 4 月中旬　料 200 円　駐車場 あり

景勝地　エリア 外海府　MAP 折り込み④ B1

佐渡の車田（さどのくるまだ）

奈良時代からの貴重な農耕行事

佐渡の車田は北鵜島に残る伝統的な田植え神事で、国の重要無形民俗文化財に指定されている。豊作祈願をルーツとし、中央から円を描くように一束ずつ苗を植えていく。

交 両津港から車で約 1 時間 15 分　駐車場 なし

和食　エリア 外海府　MAP 折り込み④ B1

大野亀ロッジ（おおのがめろっじ）

大野亀を眺めながらテラスでのんびり

目の前に大野亀を望むレストラン。イカそうめん定食や海鮮丼など、新鮮な魚介が名物。ソフトクリームほか軽食も。

交 両津港から車で約 55 分。または❶大野亀からすぐ
住 佐渡市願 149　電 (0259) 26-2410　時 9:00 ～ 16:30（ランチは 11:00 ～ 15:30　休 12 ～ 3 月　駐車場 あり

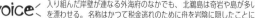

voice 入り組んだ岸壁が連なる外海府のなかでも、北鵜島は奇岩や島が多いエリア。特に舟隠し岩と呼ばれる巨岩群は神秘的な雰囲気を漂わせる。名称はかつて税金逃れのために舟を岩陰に隠したことに由来するという。現在は遊歩道が整備されている。

海鮮料理　エリア 外海府　MAP 折り込み④ C1

サンセット
さんせっと

絶景自慢のホテルレストラン

広い窓から二ツ亀が見えるビューレストラン。いちばん人気は新鮮魚介たっぷりの海鮮ちらし 1540 円。

交 両津港から車で約 50 分。または❶二ツ亀からすぐ　住 SADO 二ツ亀ビューホテル内→ P.97　電 (0259) 26-2311　時 11:00 ～ 13:30 (L.O.)　休 12 月 6 日～ 2 月 28 日　駐車場 あり　カード 可　URL www.sfht.co.jp

旅館　エリア 姫津　MAP 折り込み② B1

尖閣荘
せんかくそう

著名人にも愛される国民宿舎

外海府を巡るのに最適なロケーション。紅ズワイガニや南蛮エビなど、佐渡の海の幸を存分に堪能させてくれる。海釣りのポイントへもすぐ。

交 両津港から車で約 60 分。または❶姫津南からすぐ　住 佐渡市達者 1431-2　電 (0259) 75-2226　料 素 5390 円～、朝 6160 円～、朝夕 8250 円～　客室数 20 室　駐車場 あり　URL www.senkakusou.com

海産物　エリア 姫津　MAP 折り込み② A1

姫津大橋管理運営委員会売店
ひめづおおはしかんりうんえいいいんかいばいてん

地元のチャキチャキ娘が仕込む手作りの味

姫津大橋のたもとの小さな販売所。イカの塩辛 600 円やイカの一夜干し 900 円など、姫津漁港に水揚げされた魚介を手作りで加工している。

交 佐渡西警察署から車で約 15 分。または❶姫津から徒歩約 7 分　住 佐渡市姫津 306-1　電 (0259) 75-1125　時 9:00 ～ 16:00　休 11 ～ 5 月　駐車場 あり

ホテル　エリア 小川　MAP 折り込み② A1

ホテルファミリーオ佐渡相川
ほてるふぁみりーおさどあいかわ

夕日が美しい洋室ホテル

ツインとファミリールームを用意した、全室オーシャンビューの絶景ホテル。目の前に沈む夕日は大迫力。

交 両津港から車で約 60 分。または❶ファミリーオ佐渡相川からすぐ　住 佐渡市小川 1267-1　電 (0259) 75-1020　料 素 6800 円～、朝 7900 円～、朝夕 1 万 500 円～※ 4 ～ 11 月の営業　カード 可　客室数 30 室　駐車場 あり　URL familio-folkloro.com/sadoaikawa

海産物　エリア 姫津　MAP 折り込み② A1

今井茂助商店
いまいもすけしょうてん

佐渡の名産、イカ徳利を製造

昭和の初めから海産物の加工業を営む老舗。イカの一夜干しやイカ徳利などの加工品は、自社商店のほか島内外で販売されている。

交 佐渡西警察署から車で約 15 分。または❶姫津から徒歩約 3 分　住 佐渡市姫津 229　電 (0259) 75-2515　時 7:00 ～ 19:00　休 なし　駐車場 なし　URL www.facebook.com/sadomosuke

ホテル　エリア 外海府　MAP 折り込み④ C1

SADO 二ツ亀ビューホテル
さどふたつがめびゅーほてる

朝日も夕日も見られる佐渡最北端のホテル

二ツ亀海水浴場の入口に立つシービューホテル。客室やロビー、大浴場から眺める日本海の水平線は格別の美しさ。

交 両津港から車で約 50 分。または❶二ツ亀からすぐ　住 佐渡市鷲崎 1116-2　電 (0259) 26-2311　料 素 1 万 780 円～、朝 1 万 2320 円～、朝夕 1 万 5400 円～※ 3 ～ 11 月の営業　客室数 22 室　駐車場 あり　カード 可　URL www.sfht.co.jp

ユースホステル　エリア 姫津　MAP 折り込み② A1

佐渡ベルメールユースホステル
さどべるめーるゆーすほすてる

のどかな漁港は散歩にぴったり

窓から姫津大橋が見える高台のユースホステル。食事は姫津漁港に水揚げされるピチピチの魚介が楽しみ。

交 両津港から車で約 65 分。または❶姫津南から徒歩 5 分　住 佐渡市姫津 369-4　電 (0259) 75-2011　料 素 4400 円～、朝 5250 円～、朝夕 6800 円～　客室数 7 室　駐車場 あり　URL sado.bellemer.jp

民宿　エリア 外海府　MAP 折り込み④ B1

民宿 かわぐち荘
みんしゅく かわぐちそう

金剛杉トレッキングの拠点に最適

ご主人はエコツアーガイドの資格をもち、外海府の原生林を案内。海や川釣りの客も多く、佐渡の大自然を満喫できる宿としてファミリー旅行にも趣味友旅にも人気。

交 両津港から車で約 80 分。または❶関から徒歩約 3 分　住 佐渡市関 597-2　電 (0259) 78-2737　料 素 4500 円～、朝 5000 円～、朝夕 7500 円～　客室数 5 室　駐車場 あり

voice　姫津大橋管理運営委員会売店では、餌とセットになった釣竿を 500 円で貸し出している。姫津大橋下の水路でメジナやカワハギを釣ろう。本格的な装備があれば、橋を渡った先の防波堤でタイやイカも狙える。

佐渡 島人インタビュー 4
Islanders' Interview

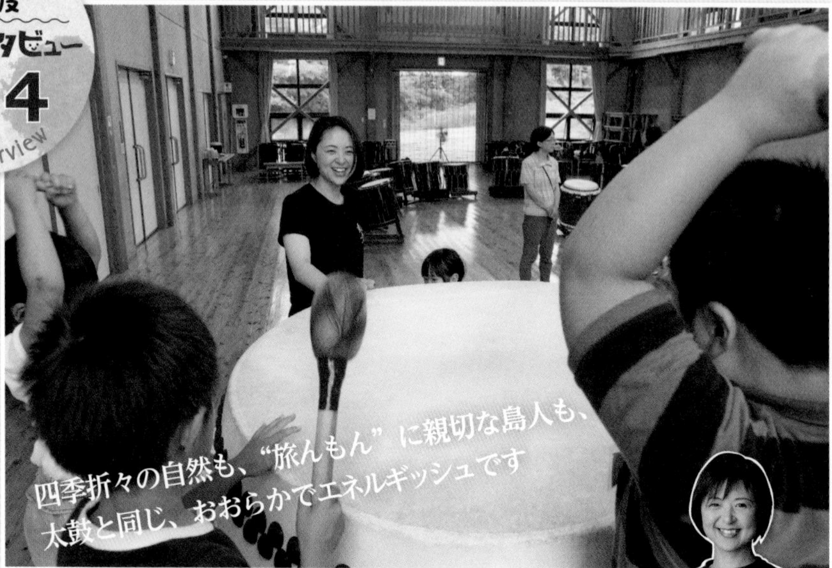

四季折々の自然も、"旅んもん"に親切な島人も、太鼓と同じ、おおらかでエネルギッシュです

鼓童文化財団 佐渡太鼓体験交流館（たたこう館） **宮﨑（みやざき） 正美（まさみ）** さん

太鼓芸能集団「鼓童」の面接にひとりで佐渡へ

佐渡を拠点として世界的に活躍する太鼓芸能集団「鼓童」。宮﨑さんが初めて佐渡を訪れたのは、同団体の研修生面接のためだった。

「1998 年の 1 月にひとりで佐渡を目指しました。熊本県出身の私にとっては、白波が立つ日本海も雪に覆われた町並みもすべてが新鮮でした。せっかくなので観光をと無名異焼と裂き織りの体験に参加。夜は加茂湖を望む温泉をひとり占めしました」

そして翌日は面接。「送迎車で向かったんですが、大吹雪で 1m 先も見えず何度も道路で止まりました。通常の何倍もの時間をかけて着いた研修所は、真っ白な山の中。とんでもない所に来てしまったなと思いましたよ」と宮﨑さんは笑う。

たたこう館での太鼓体験（→ P.59）では、講師の演奏による大太鼓の響きを間近に感じられる

写真／三島宏之（上、左下）、岡本隆史（人物）

人とのつながりを感じ佐渡での生活は 20年超え

宮﨑さんが佐渡に渡ってから 20 年以上。といっても演奏ツアーに出ている間は佐渡にいないので、島の暮らしにどっぷり浸かることになったのは「たたこう館」の太鼓体験講師になってからだという。

「佐渡の山や海が見せてくれる四季折々の自然の姿は、本当に美しいです」と宮﨑さん。

「ご近所の方々の田畑で黙々と働く姿、いつも、ジャガイモあるか、タマネギ持っていくかと声をかけてくれる集落の方々の気持ち。佐渡の自然のなかで暮らす人々もまた、たくましく優しい心をもっていて、美しいと感じます」

自分のことを「旅んもん歴 20 年」と表現する宮﨑さんだが、子供は立派な佐渡っ子。野山を駆け巡り、神社で遊び、畑の野菜をもいで食べ、のびのび成長中だそう。

「集落のみんなが娘をかわいがってくれます」とうれしそうに笑う。

佐渡は居よいか 住みよいか……

「はい。とても居心地いいですよ」

よく知ると、もっと佐渡が好きになる

佐渡の深め方

More about Sado

複雑な歴史のなかで育まれた佐渡カルチャーは、
島の魅力を語るのに欠かせないキーワードのひとつ。
文化を知ると、旅がぐっと楽しくなってくる。

海あり山あり農地あり！

佐渡の地理と産業

新潟沖約32kmに浮かぶ日本海の離島

新潟市から西へ約45km、本州との最短距離で約32kmの地点に浮かぶ佐渡。2004年に全市町村が合併して新潟県佐渡市となり、新潟港（新潟市）～両津港、直江津港（上越市）～小木港のふたつの航路で結ばれている。

日本海の離島ということから寒い印象をもたれるが、大暖流の黒潮から分岐した対馬暖流が注ぐため、新潟県のなかで積雪が最も少なく、冬は新潟本土より気温が1～2℃高いなど過ごしやすい。さらに夏は海や山からの風で比較的涼しいため、避暑地としても人気。透明度が高い海岸に海水浴やスキューバダイビングのスポットが点在し、全国各地からレジャー客が集まる。また古くから食の島として知られている。

東京23区の1.5倍沖縄本島に次ぐ面積

佐渡の総面積は約855km²、海岸線の総距離は約280km。日本の離島のなかでは沖縄本島に次ぐ2番目の大きさで、東京23区のおよそ1.5倍を誇る。太宰治の短編『佐渡』には、船から眺めた佐渡があまりにも大き過ぎて、「大陸の影が見える」と勘違いしたエピソードが紹介されている。

フェリーの便数が多く、観光客のアクセスの起点となる両津を中心に、小木、相川、佐和田が滞在先としてにぎわうほか、観光スポットは島内全域に点在している。海岸線に沿って走る県道や国道を利用して、島内一周はノンストップでおよそ5～6時間程度。電車は通っていないので、車やバスを利用して旅を楽しもう。カーフェリーでマイカーを持ち込めるのが大きな魅力。

ふたつの山地に挟まれ肥沃な平野が広がる

片仮名の「エ」を斜めにしたような形をした佐渡。上辺にあたる北部が大佐渡、下辺の南部が小佐渡で、間に挟まれた平野部は国中と呼ばれている（→P.101）。

大佐渡は佐渡最高峰で標高約1172mの金北山を主峰に、1000m級の大佐渡山地が縦断。貴重な山野草を観察できるポイントも多く、ドンデン山のハイキングが人気を集める。小佐渡は約645mの大地山を中心に、なだらかな小佐渡丘陵が続く。周辺には果樹畑が広がるほかシュロやソテツが自生し、夏は南国ムードに包まれる。さらに、ふたつの山地から栄養豊かな水が注ぐのが国中平野。集落から離れると田園風景が広がり、夏に青々と茂る稲葉や、秋に黄金色に染まる稲穂が美しい。

新潟県にある2つの港からカーフェリーや高速船でアクセスする

船上から眺めた佐渡。あまりに大き過ぎて全景は見えない

山々に雪が残る春、裾野では早々と桜が花を咲かせる

佐渡の産業

農業

稲作を中心に野菜など

農作物のメインは米。人とトキとの共生を目指し、化学肥料や農薬を控えるなど自然に優しい工夫が。おけさ柿、洋梨、リンゴ、スイカなどの果樹栽培も盛ん。

水田でトキが羽を休めていることも

漁業

全国トップクラスの海の幸

大小30以上の漁港を基地に、名産のブリをはじめ、カニ、エビ、サザエ、アワビ、イカ、マグロなど何でもあり。加茂湖では真ガキの養殖も盛ん。

対馬海流が注ぐ佐渡は魚介類の宝庫

畜産

ドンデン山で放牧

出荷数が少なく幻のブランドといわれる佐渡牛は、ドンデン山の周辺などで放牧されている。大自然のなかでのんびりと草を食む姿に心が和む。

潮風を浴びてミネラル豊富な草を食べている

酒造業

米・水・人が生む日本酒

美酒の島と呼ばれる佐渡。トキを育む佐渡の米と水を使用し、蔵元がこだわりの味を堪能させてくれる。蔵元のなかには、酒造所見学で試飲を楽しめるところも。

佐渡以外ではあまり出回らない幻の酒も魅力

voice＜ 佐渡の海産物で外せないのがアゴ。トビウオのことで、初夏に水揚げされあぶってから乾燥させたものが、味噌汁や鍋のだしとして利用される。開き状なら珍味としてつまみに、粉末状ならご飯やサラダに振りかけて味わえる。

日本海に囲まれ、離島としては沖縄本島に次ぐ面積を誇る佐渡。
南と北に連なる山脈と間に広がる平野が、豊かな自然や産業を生み出し、
日本きっての美景とグルメの島として訪れる人を魅了する。

南北で異なる海岸線の雰囲気

険しい大佐渡山地と、なだらかな小佐渡丘陵の対比と同様に、海岸線の雰囲気も北と南で違っている。

北側の大佐渡は、巨岩が圧倒的な大野亀に始まり、高さ約30mの絶壁が4kmほど続く尖閣湾など、外海府海岸沿いの荒々しい景観が魅力。ダイナミックな海岸線は、約3000万年前からおよそ1300万年続いた火山活動によるものといわれ、この頃に江戸時代初期に世界一の産出量を誇った、佐渡金山の鉱脈が形成されたと考えられる。

南側の小佐渡では、棚田が続く丘陵から見下ろす前浜海岸や、貝類を取るたらい舟が漂う小木など、穏やかな風景が特徴。のんびりとした漁港も点在し、どこか懐かしさを感じさせる風景を楽しめる。

不揃いな奇岩が印象的な宿根木前の海岸。水平線に夕日が沈む

佐渡ジオパーク 10の見どころ

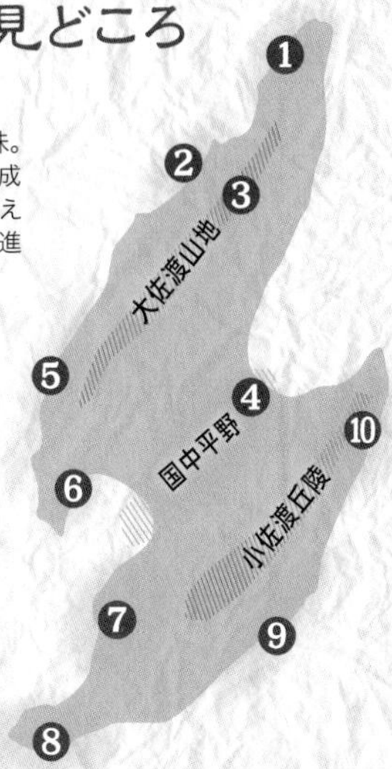

新しい観光の形、ジオパークとは

ジオ（GEO）とは英語で、地球や大地の意味。岩石など地質に興味をもつことから、山や川の成り立ち、生態系、そして人々とのかかわりを考えるのがジオパーク。佐渡市役所のジオパーク推進室がマップを配布、郵送している。

❶ 外海府北部エリア

一枚岩で高さ約160m以上の大野亀を中心に奇岩が点在する外海府海岸は、1億年以上前に形成されたといわれる。

柱状節理のある玄武岩が特徴の二ツ亀

❷ 外海府南部エリア

佐渡の骨格を形成した2000万年前の火山で広がったのが外海府南部の地形。草や泥が堆積した場所には植物や昆虫の化石が。

❸ 大佐渡トレッキングエリア

海底からおよそ2000m隆起したといわれる大佐渡山地。ドンデン山のトレッキングなどで地形や風景を楽しめる。

天然杉や高山植物が魅力の大佐渡

❹ 国中平野・加茂湖エリア

大佐渡と小佐渡からの清流が流れ込み、肥沃な土壌が広がる国中平野。加茂湖は5000年ほど前に形成された。

ドンデン山から眺める加茂湖と国中平野

❺ 相川・金銀山エリア

1650万年前、日本海が誕生する以前の火山活動によって形成された鉱脈。総延長400km、深さ海面下530mに及ぶ。

尖閣湾に続く高さ約30mの断崖も見事

❻ 沢根中山峠エリア

海岸線に2kmにわたり地層があらわになった沢根崖。80万年前から海面に隆起し始めたとされる、佐渡の誕生を知る資料として注目される。

❼ 西三川・砂金山エリア

1500万年以上前の地層や、海洋生物の化石が見られる。砂金採掘の跡も。

奇岩が続く真野湾の人面岩

❽ 小木半島エリア

海底火山として噴出した岩石や、波によって浸食された隆起海食洞の跡が。

夕日スポットの沢崎鼻灯台

❾ 前浜海岸エリア

古生代や中生代の化石を含んだ巨大な岩や、マグマが固まった花崗岩などが見られる。

前浜海岸近くに広がる棚田

❿ 小佐渡北部エリア

高山植物が咲く山地からの急斜面が、海面下500mまで続く。深海にすむエビやカニの漁場として知られる。

伝統工芸

無名異焼や裂き織り

佐渡金山から出た酸化鉄の多い赤土を焼いた無名異焼や、古い着物を再利用した裂き織りなど、伝統工芸も魅力。祭りや文化にも佐渡の個性が光る。

無名異焼を焼き上げる登り窯

観光業

たらい舟・金山・トキの三拍子♪

佐渡観光の目玉といえば、小木港周辺のたらい舟、相川の史跡佐渡金山、新穂のトキの森公園。そのほか大佐渡のトレッキングや美しい夕景なども魅力。

小木港から車で10分ほど、矢島・経島のたらい舟

voice 2015年にユネスコの正式事業となった世界ジオパーク。2016年には日本ジオパーク委員会が日本ユネスコ国内委員会より認証された。佐渡の詳細は佐渡ジオパーク推進協議会のサイトから URL sado-geopark.com

古事記の古代から金山の現代まで

佐渡の歴史

明治時代	1872年	西三川砂金山が閉山。
	1871年	廃藩置県で佐渡県から相川県へ改称。
	1869年	相川金銀山（佐渡金山）が官営の佐渡鉱山となる。
	1868年	明治維新で天領から佐渡県となり新潟府の管轄となる。
江戸時代	1672年	西回り航路が開かれ、小木港がにぎわう。
	1614年	小木町が渡海場として認められる。
	1603年	大久保長安が佐渡奉行に就任。
	1601年	相川金銀山（佐渡金山）の本格的な開発開始。
	1600年	佐渡が徳川直轄領となる。
安土桃山時代	1595年	豊臣秀吉が直江兼続を金山代官に任命し、佐渡金銀山を直轄支配。
	1589年	豊臣秀吉の命で上杉景勝が本間氏を制圧し、佐渡を支配。
室町時代	1542年	鶴子銀山が発見される。
	1460年頃	西三川砂金山が整備される。
	1434年	世阿弥が佐渡に流される。
鎌倉時代	1325年	日野資朝が佐渡に流される。
	1271年	日蓮が佐渡に流される。
	1221年頃	佐渡国守護代として本間氏が佐渡を支配。
	1221年	順徳上皇が佐渡に流される。
平安時代	1120年頃	『今昔物語集』に佐渡での砂金採取について記載される。
	807年	長谷寺が開基。
奈良時代	743~775年頃	聖武天皇の命により、真野に佐渡国分寺建立。
	722年	佐渡に初めて流された人物として穂積朝臣が記録される。
	721年	雑太郡から羽茂郡と賀茂郡が分かれ、三つの郡となる。
	712年	『古事記』で国生みの島のひとつとして佐渡島が数えられる。
飛鳥時代	701年	雑太郡（さわたぐん）が佐渡国唯一の郡となる。
古墳時代	135年	大荒木直が佐渡国造に任命される。
弥生時代	紀元前300~300年頃	島内各所に集落ができる。※セコノ浜遺跡（両津）、若宮遺跡（真野）、玉作遺跡（新穂）などの発掘から
縄文時代	紀元前5000年頃	縄文時代前～後期の小木に集落ができる。※長者ヶ平遺跡の発掘から

佐渡全域を司った佐渡奉行所。金銀を選鉱する勝場を併設した

江戸時代の金山内の様子。金穿大工は技術者として優遇された

古くから砂金が採れた西三川。現在も各所に水路など遺構が

70歳を超えて佐渡に遠流された世阿弥。その後の消息は不明

現在の佐渡国分寺。西側には伽藍配置がうかがえる国分寺跡が

原始～古代

『古事記』に編まれた国生みでできた島

七浦海岸の夫婦岩。右がイザナギ、左がイザナミを表すと伝わる

遺跡の出土品から、本州各地と同様に1万年前から人が住んでいたとされる佐渡。奈良時代には『古事記』の国生みの神話に、イザナギとイザナミが生んだ7番目の島として登場するほか、後期には国分寺がおかれるなど、ひとつの国として朝廷と交易し注目される場所だったことがうかがえる。

中世

流刑によって来島した貴族や文化人の歴史

幕府への反逆を企てた政治犯の流刑地として、鎌倉時代を中心に室町時代までに、記録に残るだけでおよそ70人が流された佐渡。その多くは政争に敗れた貴族や知識人で、その思想や風習が庶民へと伝わった。彼らが持ち込んだ京文化の影響は、今でも島の芸能や風俗などに見られる。

幕府を批判したとして1271年に佐渡に配流された日蓮

voice 『古事記』と『日本書紀』に編まれる国生みの神話。イザナギとイザナミの二柱によって、淡路島、四国、隠岐島、九州、壱岐島、対馬、佐渡島、本州の順に日本ができていったと伝わる。

古くは『古事記』や『日本書紀』の国生みの物語に登場した佐渡。
中世からは流刑地や貿易港、金銀山など日本の政治、経済とかかわる地に。
歴史を知り、島や集落の移り変わりを感じるのも佐渡旅行の楽しみ。

History of Sado

令和時代

2020年 相川地区が歴史まちづくり法の歴史的風致維持向上地区に認定。

平成時代

2010年 佐渡金銀の遺跡群がユネスコの世界遺産暫定リストに掲載される。

2004年 10の市町村が合併し佐渡市誕生。

2003年 日本産最後のトキ、キンが死亡。

1989年 佐渡金山が操業停止。

おけさ丸を中心に、高速船などが新潟と佐渡を結ぶ

昭和時代

1967年 日本海側初のカーフェリー、佐渡丸が就航。／新穂にトキ保護センター完成。

1958年 佐渡空港開設。

1952年 トキが特別天然記念物に指定される。

1946年 鶴子銀山が閉山。

1932年 佐渡汽船設立／加茂湖でカキの養殖開始。

1931年 羽茂町でおけさ柿を初めて栽植。

中国から贈られたトキを飼育し、自然下に放鳥している

大正時代

1913年 越佐汽船会社と佐渡商船株式会社で競争激化。

明治時代

1896年 佐渡鉱山が三菱に払い下げられる。

1895年 寺泊～赤泊間に汽船の運航開始。

1891年 寺泊～赤泊間に海底電線架設。

1889年 佐渡鉱山が宮内庁御料局所轄となる。

1876年 相川県を廃止し新潟県に合併。

明治から昭和にかけて機械化で再興する金山。戦時中に縮小

佐渡に流された人物

穂積朝臣（ほづみのあそみ）
『万葉集』に歌が残る奈良時代の歌人。『続日本紀』に722年に佐渡へ配流された記述があり、佐渡への流刑人としては初出。740年に赦免、入京を許可される。

順徳上皇（じゅんとくじょうこう）
後鳥羽上皇の皇子として数え年14歳で即位。1221年に鎌倉幕府倒幕を企てた承久の乱に敗れ佐渡へ遠流。1242年に46歳で崩御した。火葬された場所が現在の真野御陵。

日蓮（にちれん）
日蓮宗の開祖。他の宗派を排斥し、鎌倉幕府を批判したことで1271年に佐渡へ流罪となった。塚原の草庵で飢えや寒さに耐えて過ごす。1274年に赦免。

日野資朝（ひのすけとも）
鎌倉時代の公卿。後醍醐天皇らとともに倒幕を企てたことを察知され、1325年に佐渡へ流される。1332年に43歳で斬首。真野宮に配祀されている。

世阿弥（ぜあみ）
室町時代前期の能役者。足利義教に疎まれ、1434年に70歳を過ぎて佐渡へ配流。謡曲の『金島書』によって1436年まで健在だったことがうかがえるが、その後は不明。

現代
佐渡金山の休山から観光都市としての未来

江戸時代末期には金の産出量が減少。小木港もさびれていき、1858年の日米修好通商条約で新潟港が開港すると、その補助港として両津港周辺が佐渡の中心になる。現在は豊かな自然や世界遺産に登録された佐渡金山の遺産群を中心に、観光都市としての未来が期待される。

佐渡金山は明治からの機械化により一時は採掘量が増加するものの、平成元年に休山

近世
佐渡金銀山と西回り航路で栄える最盛期

北前船や千石船と呼ばれた江戸時代の回船。佐渡国小木民俗博物館に復元展示が

佐渡が最盛期を迎えるのは、江戸時代前期から中期にかけて。古くから金銀が採掘されることに目をつけた幕府が、佐渡金山を開発。十数年の間に、相川は人口5万人を擁する町となる。さらに金銀の積み出しや、西回り航路の寄港地として小木港が整備され、小木や宿根木も船乗りや商人でおおいににぎわった。

voice 中世まで政治犯の「島流し」の地となった佐渡。江戸時代には金山に湧く地下水を汲み出す水替人足として、江戸にあふれた浮浪者や犯罪者などの無宿人が毎年数十人単位で「島送り」にされた。

歴史と自然を感じるイベントがいっぱい！

佐渡の祭り歳時記

1月　2月　3月　4月　5月　6月

両津

胴押し
❖1月3日 ❖月布施の毘沙門堂
月布施で1700年代から続く厄祓い。厄年の男性を担ぎ上げ、毘沙門堂内を練り歩く。

佐渡・両津 おひなさまお宝めぐり
❖3月上～下旬 ❖両津市街
両津港周辺の40軒以上の飲食店やホテルのロビーに、各店に伝わるひな人形や骨董品が展示される。

佐渡國鬼太鼓(おんでこ)どっとこむ
❖5月下旬 ❖おんでこドーム
鬼太鼓を中心とした芸能団体が多数出演。特産品やグッズ販売も魅力。

鬼の面をかぶる鬼太鼓

佐渡トキマラソン
❖4月下旬 ❖おんでこドーム
両津港から真野湾まで、佐渡横断コースを往復する市民マラソン。

祝い事に欠かせない春駒

相川

貴重な享保びなの展示も

佐渡國相川ひなまつり
❖3月上～下旬 ❖相川市街
相川の商店街を中心に、50軒以上の商店やホテルにひな人形が並ぶ。江戸時代から伝わるものも。

島外からの参加も多い

京町音頭流し「寳乃舞」
❖6月上旬
❖京町通り
金山から奉行所跡へ続く京町通りを踊り流す。ぼんぼりの明かりと、相川音頭の響きが格調高い。

夜桜を楽しみたい

佐渡金山桜並木ライトアップ
❖4月上～下旬 ❖佐渡金山
佐渡金山周辺の桜並木がライトアップされて見事。歴史的建造物とのコラボも幻想的。

全エリア
初詣
❖1月上旬
❖各地の神社
佐渡の各所で新春に行われる。島という環境から海上安全や大漁祈願で信仰される神社が多い

宿根木の白山神社

全エリア
能月間
❖6月❖島内全域
能が盛んな佐渡。島内に30以上の能舞台が現存し、毎年6月上旬に各所で能が奉納される。演じる側も、子供から大人まで地元の人々が中心。

かがり火を焚く薪能

小木・宿根木

町人文化の香り漂う おぎひな人形飾り
❖3月上～下旬 ❖小木市街
小木商店街でひな人形を展示。他国との交流を感じさせる土人形も。

小比叡神社 田遊び神事
❖2月6日 ❖小比叡神社
豊作を願い、田打ちから刈り入れまでの田仕事を数人で演じる。

真野・佐和田・その他

佐渡は能楽が盛ん

まっさき食の陣
❖2月上旬 ❖多田漁港
佐渡産の食の祭典。タラの刺身や汁物のほか、キジの肉でだしを取ったキジそばなどが並ぶ。

沢根港さわたカキまつり
❖3月中旬
❖佐渡漁港 佐和田出張所
真野湾で育ったプリプリのカキを、豪快な炭火焼きで堪能。沢根団子など特産品も並ぶ。

真野公園桜まつり
❖4月上～下旬 ❖真野公園
市内随一の桜の名所。約2000本がライトアップされ、ぼんぼりが並ぶ。

春の佐渡芸能祭
❖4月下旬
❖真野公園 野外ステージ
佐渡おけさや鬼太鼓、春駒などの郷土芸能が上演され、地酒や特産品も販売される。

佐渡カンゾウ祭り
❖6月中旬
❖大野亀
100万本のトビシマカンゾウが咲く遊歩道が圧巻

長谷寺ぼたんまつり
❖5月中旬 ❖長谷寺
ボタンの名所の長谷寺。境内で野だてなどが行われる。

スポニチ佐渡ロングライド210
❖5月下旬 ❖佐和田
佐渡全体を走り抜けるサイクルレース。最大210kmは国内最長クラス。

voice 佐渡の正月や祝い事に欠かせない春駒（はりごま）。木製の馬の首にまたがり「めでたや～」から始まる唄に合わせて舞い踊る。ユニークな面は金山の山師、味方但馬の顔をかたどったものといわれ、裕福さにあやかりたいという思いが表現されている。

豊かな自然のなかで、文化や芸能を守り続けてきた佐渡。
伝統の佐渡おけさや、旬の海鮮を楽しむ会など、1年中どこかでイベントが。
気さくな「さどうぢもん（佐渡島内の人）」と一緒に楽しもう！

7月	8月	9月	10月	11月	12月

両津

本間家定例能
✤7月下旬 ✤本間家能舞台
佐渡宝生流の本拠で行われる能。本間家能舞台は保存状態がよく、県の文化財に指定されている。

子供が奉納する能も

両津七夕・川開き
✤8月上旬 ✤両津市街
両津港開港から100年以上続く佐渡市最大規模の祭り。花火が見事。

両津港に上がる花火

久知八幡宮例大祭
✤9月中旬 ✤久知八幡宮
新潟県無形文化財の花笠踊りや、子供たちによる下がり羽の行列など伝統芸能が奉納される。

鬼太鼓 in にいぼ 朱鷺夕映え市
✤10月上旬
✤新穂行政センター
佐渡中の鬼太鼓集団が競演。市外からも露店が集まり活気づく。

佐渡伝統の鬼太鼓

佐渡さかなまつり
✤11月中旬
✤佐渡市水産物地方卸売市場
海産物を格安で販売。

大漁旗が華やか

海府寒ブリ大漁まつり
✤12月上旬
✤鷲崎漁港
佐渡の冬の味覚、脂ののった寒ブリを堪能できる。

相川

鉱山祭
✤7月下旬 ✤相川市街
佐渡に盛夏の訪れを告げる祭り。相川市街がおけさ流しや露店、各種イベントでにぎわう。

風情あるおけさ流し

尖閣湾揚島ライトアップ
✤8月中旬 ✤尖閣湾揚島遊園
尖閣湾揚島遊園内をライトアップ。断崖と海面を照らす光が美しい。郷土芸能の披露も。

夜に浮かぶ遊仙橋

相川祭り
✤10月19日 ✤善知鳥（うとう）神社
相川総鎮守で400年の歴史をもつ。神輿や太鼓が練り歩き、夜にはぶつかりあう。

勇壮な神輿

小木・宿根木

白山丸祭り
✤7月下旬 ✤佐渡国小木民俗博物館
復元した千石船、白山丸に帆を揚げる。露店や郷土芸能の演出も。

全長約24mの白山丸

アース・セレブレーション
✤8月中旬 ✤小木みなと公園ほか佐渡全域
太鼓芸能集団鼓童を中心とした、国内外のアーティストによる祭典。

小木港祭り
✤8月下旬 ✤小木市街
佐渡に夏の終わりを告げる祭り。おけさ踊りや鬼太鼓、花火を開催。

子供たちのお囃子も

真野・佐和田・その他

海辺に咲くカンゾウ

赤泊港まつり
✤8月上旬 ✤赤泊港
赤泊港周辺が露店や花火でにぎわう。恒例の日本海海上大相撲は大歓声に包まれる。

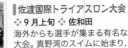

飛び入り参加も大歓迎！

羽茂うみゃあもん祭り
✤11月下旬
✤JA羽茂
おけさ柿や自然薯など、羽茂地区の特産品が並ぶ。おけさ柿を使ったイベントや子供向けの催しも。

長谷寺の参道と境内にボタンが

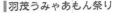

3000人が参加するスポニチ佐渡ロングライド

佐渡国際トライアスロン大会
✤9月上旬 ✤佐和田
海外からも選手が集まる有名な大会。真野湾のスイムに始まり、自転車は佐渡を1周。難コースといわれる。

佐渡の外周を疾走

voice 江戸時代に相川で始まったとされる鬼太鼓（おんでこ）。能の舞に、独特の振り付けや太鼓の演奏が加えられ、悪魔を祓い、五穀豊穣や商売繁盛を願って奉納される。市内で100以上の保存会に継承され、面や踊りに特色がある。

特異な文化土壌が育んだ唯一無二の芸術

島の伝統芸能

京をはじめ西日本の影響を強く受けた独自の文化

流人の島であったこと、また千石船の寄港地であったことから、西日本や北陸の文化が直接伝えられた佐渡。流人の影響を受けた貴族文化、商人や船乗りによる町人文化、そして金山の発展により役人たちが持ち込んだ武家文化という3つの文化がモザイクのように交じりあって定着していった。

佐渡に伝わる民俗芸能も多様な文化の影響を受け、さらに島の風土のなかで変化し独特の姿を見せる。能に代表されるように庶民の生活に根付いているのが特徴で、今でも祭りや年中行事で披露される。複雑な歴史に揉まれながら進化した島の伝統芸能は、佐渡そのもの。見る人の心を揺さぶる。

のろま人形
説経人形の幕間狂言で、4体の人形による愛嬌たっぷりの動きとユーモラスな掛けあいが特徴

人形芝居

佐渡に伝わる人形芝居は**文弥人形**、**説経人形**、**のろま人形**の3つ。始祖の語りに近い形で残されており、国の重要無形民俗文化財に指定されている。

佐渡に人形芝居が伝わったのは250年ほど前。京から持ち込まれたひと組の人形が始まりといわれる。**説経人形**の名で説経物、近松物、合戦物を公演し、幕間狂言の**のろま人形**とともに庶民の娯楽として親しまれた。明治に入ってからは**文弥人形**が人気を博し、最盛期は説経・文弥合わせて30近い座があったとか。次第に廃れていった人形芝居だが、現在は保存の動きが盛り上がっている。

文弥人形
語りの文弥節に合わせて遣う人形浄瑠璃。明治の初めに改良されたことで人気を集めた。おもに時代物を上演する

voice ホテル大佐渡（→P.91）では、5～10月の土曜20:30から佐渡おけさや相川音頭などの民謡ショーを開催。宿泊客は立浪会の踊りを無料で見られる。

島の伝統芸能

Traditional Performing Arts of Sado

京都から多くの貴族や知識人が流されてきたこと、西回り航路が開かれたことにより、佐渡は北陸や西日本の影響を強く受けるようになった。さらに金山の発展にともない江戸の文化も流入し独特の文化を形成。多様な伝統芸能を生み出した。

民謡

日本を代表する民謡として知られるのが**佐渡おけさ**。九州のハイヤ節が船乗りによって伝えられたといわれる。哀調を帯びた節と優美な踊りは、上品で格調高い。また金山の隆盛にともなって盛んに歌われたのが**相川音頭**。こちらはメリハリの効いた風雅な踊りで知られる。ほかにも盆踊りの定番として人気の高い**両津甚句**や、同じく盆踊り歌で地蔵を背負って踊る**豊田音頭**などがある。

佐渡おけさ
1924年に立浪会の村田文三が中心になって、正調おけさとして世に出したことで有名に

春駒
木製の馬の首にまたがり、地歌にあわせ舞い踊る。佐渡では「はりごま」と呼ばれる

門付芸能

佐渡には家の門口で行う門付芸能を起源とする踊りが多く残り、現在では祭りやイベントでも披露される。地域によって個性豊かな踊りが見られ、同じ芸能であっても独自の様式で伝わっているのがおもしろい。最も有名なのは佐渡にしかない**鬼太鼓**。勇壮な太鼓に合わせ鬼や獅子が舞う神事芸能で毎年多くの祭礼で踊られる。

つぶろさし
羽茂本郷の菅原神社と草刈神社の祭礼に行われる太神楽。豊作を祈願する舞踊

鬼太鼓
「おんでこ」と呼ばれる獅子舞の一種で祭礼には欠かせない。悪魔を祓い、豊年を祈念する

島内全域に散らばる霊場を巡る◎八十八ヵ所、佐渡へんろ

お遍路といえば四国だが、佐渡にも四国の写し霊場が八十八ヵ所設けられている。始まりは1745年とされ、1815年には四国霊場の土砂を島内八十八ヵ所に奉納して佐渡へんろが開創された。北は鷲崎から南の宿根木まで島内全域に点在する霊場を巡れば、新たな佐渡の魅力に触れられる。

佐渡へんろの第1番札所となる真野の佐渡国分寺

境内の大イチョウが有名な石名の清水寺は、第22番札所

問 安照寺☎(0259)27-2673または東光院☎(0259)22-3837 URL sadoreijoukai.jp

voice< 佐渡にはいくつもの奇祭が残っている。例えば10月15・16日に開催される宿根木鎮守の祭りでは、「ちとちんとん」という初航海の安全祈願を起源とする踊りが奉納される。ちとちん（金精棒）を中心に性的要素を誇示した踊りが祭りを盛り上げる。

時代を超えて佐渡の逸品を作り続ける

島の手しごと

無名異焼

伊藤赤水さん

Sekisui Ito

上／練上の技法を使って花を散らした花紋皿　左下／異なる色彩の土を重ね花びらを表現した小皿　右下／1200℃の炎による窯変と練上の花紋を融合させた壺は、伊藤赤水さんの代表的な作品

無名異焼とは、金山から採れる鉄を多く含む赤土を使った陶器。伊藤赤水さんはその創始となる赤水窯の５代目当主であり、日本を代表する陶芸家として知られる。

「芸術家たるもの新しいところにいくため努力しなくてはいけない」という言葉どおり、代表的な作品は無名異焼の特徴ともいえる朱一色だけではないのが特徴。窯変という技法を用いあえて黒を入れたもの、また練上により無数の花をちりばめた美しい作品が高く評価されている。

さらに伊藤さんが新たに取り組んでいるのが、佐渡の岩や石を砕いて粘土でつなぐ力強い作品。これについては、佐渡という場所を強く意識したものなのだという。「佐渡にいることは非常に重い。なるべく佐渡のものを使って表現したいと思っています」と伊藤さん。美しさとともに迫力を感じさせる作品を前にすると、常に新たな表現を模索し続ける芸術家の飽くなき探求心が伝わってくる。

伊藤赤水作品館

MAP 折り込み② A2　交 両津港から車で約 50 分　住 佐渡市下相川 808　電 (0259)74-0011　時 8:30 ～ 17:00　休 12 ～ 3 月（要問い合わせ）　料 無料　駐車場 あり

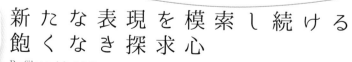

新たな表現を模索し続ける飽くなき探求心

Profile＊いとう　せきすい

無名異焼の創始である赤水窯の５代目当主。2003 年には人間国宝に認定されている。

voice＜ 佐渡金山から産出された酸化鉄を含んだ土を無名異と呼ぶ。無名異焼はその土を使って高温で作陶したもの。たたくと金属音を発するのが特徴で、とても硬い陶器ができる。この器で飲むとコーヒーやビールがおいしくなるといわれている。

先人たちが工夫を重ね作り上げた民芸品・工芸品。佐渡には伝統技法を守りながら、新たな表現でそれらを芸術の域にまで高めた人々がいる。
佐渡はもちろん世界にも注目される３人の芸術家の“手しごと”に迫る。

Traditional Crafts of Sado

竹細工 本間 秀昭さん＊Hideaki Honmma

世界が認める 神秘的な 竹芸の魅力

佐渡は古くより良質な竹が採れる土地。しかし竹の需要減により、竹細工職人は希少な存在になっている。
「今や竹籠作りをしているのは数人。オブジェは私だけです」と語るのは本間工芸の本間秀昭さん。竹を使ったオブジェで世界的に活躍している美術竹芸家だ。自ら山に入って材料となる竹を採り、ダイナミックな曲線を描く作品を創り続ける。
「マニュアルなどはないので、試行錯誤しながら自分のイメージに近づけていく。伝統技術を駆使しながら、その人にしかできない作品を生み出せるのが魅力です」

Profile＊ほんま ひであき
竹を使ったオブジェが評価され、日展での受賞のほかシカゴやボストンなど海外の美術館にも作品が展示される。

波や風など自然の営みを思わせる優美な作品

左下／よい作品のために良質な材料を作る　中下／竹と籐を使い多彩な技術を組み合わせ形にしていく　右下／竹には無限の可能性がある

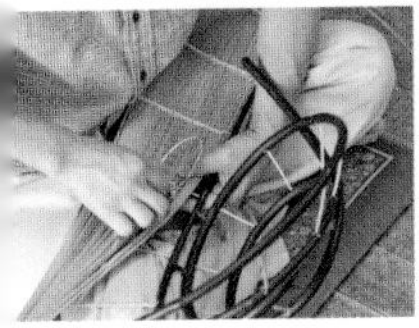

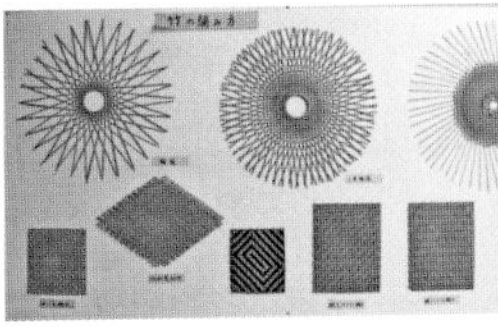

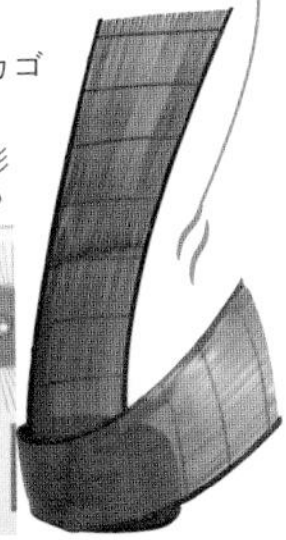

裂き織り 加藤 智津栄さん＊Chizue Kato

佐渡に伝わる 裂き織りを 次世代へと紡ぐ

杼（ひ）と呼ばれる重い木の棒で横糸を詰める、トントンという音が工房に響く。「私たちが使うのは、座ったまま全身で糸を織り込むねまり機（ばた）。目が細かくてとても丈夫な作品ができます」と工房を主宰する加藤智津栄さんは言う。
裂き織りに使う横糸は古布を裂いたもの。「布が貴重だった時代には、使い古した織物をほどいて何度も再生させたんです」と加藤さん。工房では木綿や絹、麻などを使い、さまざまな作品を生み出している。「今は伝統を守るため、自分の技術を次世代に伝えることに力を注いでいます」

右／できあがりの寸法にあわせて織り、ハサミを入れないのでほつれにくい　左下／自然に曲がった木を使った織り機　右下／使われなくなった布が、見事な作品へと生まれ変わる

Profile＊かとう ちづえ
佐渡ねまり機の会代表として裂き織り技術の伝承に努める。その作品は高く評価される。

裂き織り工房 加藤
MAP 折り込み④ B3　交 両津港から車で約15分　住 佐渡市上横山 980-1
電 (0259)23-5366　時 10:00～18:00
休 不定休　料 体験 2400円（3時間）
駐車場 あり　URL sado-sakiori.jp

voice＜ 「裂き織り工房 加藤」では、裂き織りの体験も受け付けている。地機（じばた）のねまり機でコースターなど簡単なものが織れる。織り機は４台用意されているが、本格的に裂き織りを勉強している生徒さんもいるため、予約でスケジュールの確認を。

ゆったりと流れる島時間に惚れ込んだ
佐渡 Loverな皆さん！

島に恋して

素朴で力強い
人形芝居の原点を求めて、
40年前に佐渡へ来ました。

人形浄瑠璃　猿八座
西橋八郎兵衛さん

右上／愛らしい表情にファンも多い土人形　左上／緑豊かな猿八集落は島外からの移住者が多い　左下／春は家の周辺で山菜が採り放題

佐渡に残る人形浄瑠璃を守り次世代へと伝える

うっそうと木々が茂る山々に囲まれた猿八集落に人形師、西橋八郎兵衛さんの家がある。西橋さんが佐渡に移住したのは40年ほど前。佐渡に伝わる人形浄瑠璃に魅かれてのことだった。

「もともと私がいた文楽は3人で人形を操る繊細さが特徴。非常に洗練されたものです」と西橋さん。一方で佐渡に残るのはひとり遣いの人形。「佐渡の人形浄瑠璃は、伝わったまま残っているので素朴で力強い。どうしても人形芝居の原点に触れたかったんです」

移住してすぐに漁師の仕事をしながら、島内で活動する文弥人形の座に在籍。また伝統工芸品の土人形を復活させたところ、クチコミで評判になった。

「佐渡に来て最初に感じたのは、生活にお金を使わないということ。漁師でしたから魚は無料ですし、春は山菜が採れますし、本当に贅沢ですよ」

現在は猿八座を主宰。「佐渡の文弥人形は保守的ですから、もう少し今の人にわかりやすいようにしたい」という西橋さん。古浄瑠璃を演じるなど貴重な活動も高く評価されている。

Profile ＊ にしはし はちろべえ
本名、西橋 健。猿八座を主宰し佐渡の人形浄瑠璃を継承。古典の復活や他ジャンルとの共演にも精力的に取り組む。
ブログ blog.goo.ne.jp/ningycyathemis38237

voice 土人形が佐渡に伝わったのは江戸時代後期。佐和田の八幡人形や長木人形をはじめ、両津の夷人形などおもに農民や商人の副業として各地で作られた。喜楽をストレートに表現した愛らしい表情が魅力で、庶民に人気を博したそう。

多彩な海産物をはじめ米や野菜も収穫できる佐渡は、食材に恵まれた豊かな島。
自然と向き合い過ごすには最適な島であり、そこに魅力を感じて移住する人も多い。
独特の伝統が息づく島で、都会にはない人生を見つけた皆さんに話を聞きました。

Falling in Love with Sado

ワインにぴったりの質のよいブドウが採れる、そう確信しました。

ワインバー ラ バルク ドゥ ディオニゾス
聡美&ジャン＝マルク・ブリニョさん

右上／ジャンさんのポリシーにかなうオーガニックワインが揃う
上／古民家を改装し、れんがと木材を使ったぬくもりある店に

無農薬のブドウにこだわり 佐渡産ワインを生み出す

2014年3月に真野にオープンしたワインバーを切り盛りするのが、ジャン＝マルク・ブリニョさんと聡美さん。実はジャンさんは、フランスで20年以上ワイン造りに携わってきた知る人ぞ知る自然派ワインの醸造家。

「約2年間、移住先を探して行きついたのが佐渡でした」と聡美さん。今は佐渡でワインは造られていないが、かつてはワイン畑が広がっていた時代があったそう。「明治時代には醸造会社があって、ワイン造りも盛んだったんです。記録では山梨に劣らない良質なワインができていたようです」

自分たちが住んでいた環境に似ていたというのも、移住を決めた理由のひとつ。「自然が豊かで、食べ物もおいしい。古いものが残っていて、人が優しい。来てよかった」とジャンさん。土壌から整えたブドウの収穫も始まり、ジャンさんの確かな技術によるワインは島の新たな名産品として注目されている。

Profile ＊さとみ＆じゃん＝まるく・ぶりにょ
2011年にフランスのジュラから移住。無農薬のブドウを使ったオーガニックワインが得意な敏腕醸造家として知られる。
問ラ バルク ドゥ ディオニゾス→ P.83

バーではジャンさんや聡美さんとの会話も楽しみのひとつ

voice 佐渡の酒といえば日本酒だが、上質な米の香りを楽しむなら白濁したどぶろくもおすすめ。かいふ発酵の「寒元」は乳酸菌を発酵させたまろやかな味わいで、甘口と辛口が揃う。地元の酒好きにもファンが多いので、居酒屋などで見つけたら試してみて。

何だか心がなごむ不思議な力 島言葉

こんちゃー
こんにちは

東

番付	意味	島言葉
横綱	ゆっくりと	しなしな
大関	しっかりと	しかしか
大関	佐渡の人	さろもん
大関	島外の人	たびもん
関脇	家族の者	うちもん
小結	行ってください	いかしゃまし
前頭	お姉さん	あにゃん
前頭	女房	あね
前頭	あかちゃん	あか
前頭	強風	ええのかぜ
前頭	味が濃い、甘い	むつごい
前頭	馴れ馴れしくする	ちかしぶる
前頭	そば、かたわら	ねき
前頭	いたずらげな	ちゃらくらげ
前頭	大袈裟な	ちゅうちゅうげぇ
前頭	裏返し	けーしま
前頭	つまらない	げえもねえ
前頭	とんでもないこと	てんぽうげいな
前頭	おもちゃ	もちゃすびもの
前頭	涙が出た	ならんでた
前頭	大バカもの	あんこ
前頭	家	いじぇ
前頭	みそ汁	おしたじ
前頭	捨てる	びしゃる
前頭	かくれんぼ	かくれごく
前頭	ウマがあう	もんがあう
前頭	かじかむ	がじける
前頭	正座	おつくべ
前頭	夜中	ようま
前頭	夕方	ようまがた

西

番付	意味	島言葉
横綱	頑固者	もっこ
大関	びり	げっと
大関	干物	ええもん
大関	子犬	いんこ
関脇	子牛	めんこ
小結	山頂	つんこ
前頭	良家のお嬢さん	びいさん
前頭	おまえ	んね
前頭	来なさい	こいっちゃ
前頭	お願いだから	ごむしん
前頭	しばらくは	さしむき
前頭	いじめる	りゅうる
前頭	料理する	りょうる
前頭	遠く	ぴんぴん
前頭	猫背	べんとう
前頭	お坊さん	ほいさん
前頭	着飾って歩く様子	びらしゃら
前頭	大丈夫	きづこねえ
前頭	恥ずかしい	しょうしねえ
前頭	女性	ねしょ
前頭	うらやましい	けなるい
前頭	ホトトギス	ほんぞん
前頭	真面目な、正直な	まてな
前頭	なんとまあ!	なみさんぼ
前頭	いっぱい入っている	はかりがいい
前頭	うっかりして	うっかりぴょんと
前頭	がっかり	げっつり
前頭	運のよい	ぶのくびのいい
前頭	次男以降の子ども	おっさん
前頭	かわいそう	もげつねぇ

佐渡弁は文末に「〜だっちゃ」「〜ちゃ」を付けるのが特徴。かつて島流しの地であったこと、また西回り航路の寄港地であったことから、西日本の方言に近いといわれる。島内でも地域によって少しずつ異なる言葉を使う。

えやんならん
相手にならない

あめくれてやったさ♪
わざと負けてやった
ようおいでなしゃました
いらっしゃいませ
ブリカツくん
サドッキー
あめてきた……
禿げてきた……
いやあ、おぼえた
わー、驚いた

voice サドッキーは両翼で佐渡を象徴する美しい海と山、川を抱くトキ。トキの野生復帰をアピールし支援している。ブリカツくんは佐渡のご当地グルメ、佐渡天然ブリカツ丼の PR を担当するブリ系半魚人。言葉を話しラジオに登場することも。

旅行前に読んでおきたい

佐渡本セレクション

佐渡をよく知るためには、さまざまな角度から書かれた本を読むのがいちばん。旅行前に読んでおけば、佐渡での楽しみが倍増！ 帰ってから読んでも新たな発見が。

ガイド

『御朱印でめぐる新潟 佐渡の神社』

地球の歩き方編集室　編
地球の歩き方　税込 1430 円

人気の御朱印シリーズから新潟編が登場。新潟 104 社の御朱印を紹介する。伝統芸能と縁の深い佐渡の神社も！

児童書

『トキよ未来へはばたけ』

国松俊英　著
くもん出版　税込 1650 円

30 年にわたってトキの取材を続けた著者が、トキの歴史をたどり放鳥にいたる経緯までを語ったノンフィクション。

佐渡の文化や自然も紹介

歴史

『黄金の島を歩く』

佐渡市教育委員会　編著
新潟日報事業社　税込 1320 円

中世から江戸、現代にいたる佐渡金銀山の歴史を、豊富な写真やイラスト、図を交えてわかりやすく解説する。

知られざるトキの姿が

ノンフィクション

『50 とよばれたトキ』

小野智美　著
羽鳥書店　税込 2090 円

戦後の佐渡で人間によって育てられた 50 番目のトキ。その家族や保護センターの人々とのにぎやかな日々をつづる。

ノンフィクション

『佐渡金山』

田中志津　著
KADOKAWA　税込 2200 円

佐渡金山が隆盛から凋落へと向かう時期に、金山とともに暮らす人々が直面した苦渋と哀歓をつづる物語。

日蓮の史跡に新事実！

史跡

『新版 日蓮と佐渡』

田中圭一　著
平安出版　税込 3080 円

1271 年に佐渡へ配流になった日蓮上人。佐渡出身の著者が詳細な現地調査によって日蓮にかかわる重要史跡を特定する。

民話

『佐渡の民話第一集』

浜口一夫　編
未來社　税込 2200 円

小佐渡、国中、大佐渡の地方別に、55 篇の民話とわらべうたを収録。日本の民話シリーズとして第二集もあり。

6 年間かけた完全保存版！

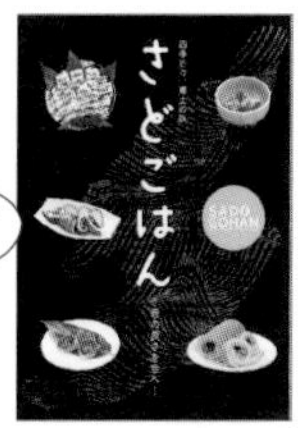

レシピ集

『さどごはん』

税込 1800 円

佐渡に伝わる郷土料理のレシピ集。220 ページに 188 の料理が収録されている。市役所などで販売するほか郵送も可。

問 佐渡市役所産業振興課
☎ (0259)63-3791

旅の情報源！　お役立ちウェブサイト

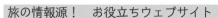

▶ **さど観光ナビ　www.visitsado.com**
食やカルチャー、遊びなど佐渡のすべてを網羅した佐渡市公式観光情報サイト。

▶ **佐渡日和　sado-biyori.com**
イベント情報やおすすめのショップ、宿などを掲載したポータルサイト。

▶ **佐渡トキファンクラブ　toki-sado.jp/fanclub**
トキの基礎知識やニュース、生物と農家の関係にまで触れたトキサイト。

▶ **佐渡にこいっちゃ　sadokoi.com**
おすすめスポットを中心に、管理人のナマの声満載の個人旅行記サイト。

▶ **佐渡なび !!　www.sadonavi.net**
佐渡についての情報サイトを整理して掲載しているリンク集サイト。

実話をもとに佐渡で撮影

映画

映画『飛べ！ダコタ』

戦後 5 ヵ月、佐渡に不時着した英国輸送機。島民たちは憎しみを捨て、乗組員をイギリスに帰すため浜辺に滑走路を造る。佐渡での実話をもとにした大ヒット映画。

オデッサ・エンタテインメント
税込 4180 円

Voice 童話『安寿と厨子王』（山椒大夫）にも佐渡が登場する。物語の冒頭、人買いにだまされ生き別れになった母が連れていかれたのが佐渡。だまされた場所は直江津と書かれている。

佐渡 島人インタビュー 5
Islanders' Interview

昔はお座敷や定期公演を合わせて、
月に200回以上踊っていたこともあるんですよ

7月の鉱山祭では、花を飾った唐傘をかざし、子供たちが練り歩く

立浪会 会長 磯西 英代（いそにし ひでよ）さん

佐渡おけさを広めた立浪会が守る伝統芸能

九州のハイヤ節がルーツといわれる佐渡おけさは、1924年に立浪会の村田文三さんらによって一躍有名になった。立浪会は現在も佐渡おけさを中心に、相川音頭、相川甚句を踊る民謡団体として活動している。

「今日は相川で鉱山祭があるんですが、おけさ流しがありますよ」と教えてくれたのは立浪会の会長、磯西英代さん。おけさ流しとは、おけさを踊りながら町を練り歩くこと。ちょうどお話を伺った7月末が祭りの開催日で、たくさんの観光客が開催地の相川に集まっていた。

鉱山祭のハイライトは、情緒漂うおけさ流し。立浪会の踊り手による先導のもと、10以上の民謡団体が相川天領通りを往復する

佐渡おけさの民謡団体は島内外に10団体ほど。踊りは地域によって少しずつ違うという。

「立浪会の踊りに統一しようという動きもあるんですが、それぞれ自分たちのおけさを守り続けてきたわけですから、なかなか難しいですね」と磯西さん。

立浪会に在籍しているのは現在13人、そのうち8人が踊り手。

「みんな仕事をもっていて、その合間に練習をしますから自営業の人が多いんです。ほかの伝統芸能もそうですが、若者が少ないのが悩みですね。今の若い人はほかにも楽しみがありますから、本気で佐渡おけさをやりたいという人は貴重な存在です。立浪会はいつでも会員募集中ですよ（笑）」

ピーク時は旅館でのお座敷仕事も頻繁に

かつての佐渡には今と比べものにならないほど多くの観光客が訪れていた。磯西さんが教えてくれたのは先輩から聞いたという1960年代頃の話。

「定期公演があって、それ以外にお座敷にも呼ばれるんです。1チーム11人で何チームかで分担していても、ものすごく忙しかったそうです。月に200回以上踊るようなこともあったと聞いています」

島外への演奏旅行や海外演奏もあり、当時の若者にとっては無料で旅行ができるというだけでも、佐渡おけさを始めるモチベーションになったそう。

当時のような忙しさはないが、立浪会では今でもホテルでの定期公演や佐渡おけさ体験などの活動を行っている。

「12～2月は休みなので、3月頃から週に1回の練習を始めます。忙しくないといっても、シーズン中は結構お呼びがかかって、結局、夜はほとんど家にいないな（笑）」

※佐渡おけさ体験→ P.57

出発前にチェックしておきたい！

旅の基本情報
Basic Information

!

佐渡の旅に欠かせない基礎知識をご紹介。
島への行き方からシーズンや見どころ、お金の話まで、
知っておくと損をしないトピックスを網羅しました。

旅行の前に知っておきたい！

旅の基礎知識

複雑な歴史のなかで独特の文化を育んだ佐渡は、どんな旅ができる島なのか？
ベストシーズンから旅スタイルまで、現地で役立つ基本情報をご紹介。

PART 1 まずは佐渡について知ろう

豊穣の大地をもち、多彩な文化の影響を受けた佐渡の素顔とは？

独立論もあった!? 何でも揃う肥沃な地

冗談交じりに独立論が語られるほど、佐渡は自然が豊かで自己完結が可能な島。国中平野に広がる稲田からは自給率100%をはるかに超える米が取れるほか、さまざまな野菜や果物が収穫できる。もちろん港に水揚げされる魚介は種類も量も豊富だ。実際のところ米以外の農作物は島外のものに依存しているが、これは農家の減少や少量生産など土地の豊かさとは別の問題。最近では地産地消を進める動きが出てきており、佐渡産の食材を使った料理を出してくれる宿泊施設やレストランも増えている。

豊かな海は新鮮な魚介をもたらすが、荒れると食材の輸送などが断たれる

海流の影響を受け 豊かな植生を見せる

日本海の真ん中に浮かぶ佐渡は、植物分布でいうと南限と北限の境目に位置し、寒暖両系の植物が見られる特殊な島。また日本海を北上する対馬暖流のおかげで、北西の季節風が吹く冬でも、新潟本土に比べると気温が1～2℃高いのが特徴。新潟県内では最も降雪量の少ない地域になり、大半の農作物には理想的な環境にある。例えば南部の小佐渡は暖かく、ビワやミカンといった温帯の果物が収穫できる。魚類の多様性も海流の恵みによるもので、暖流と寒流がぶつかる佐渡の沖に南北の魚が行き交う。そのため年間を通してさまざまな魚介が水揚げされる。

夏は新潟本土よりも1～2℃涼しく、過ごしやすい気候

天然の良港に恵まれ 多彩な文化が育つ

広大な島は280.9kmにも及ぶ海岸線に囲まれ、古くから天然の良港を備えていることで知られていた。特に小木は相川で採掘された金銀の輸送ルートであったことから、役人や商人を中心に多くの人々が往来。また西回り航路の寄港地としても栄えた。この時代の影響で、佐渡には役人たちが持ち込んだ江戸文化、千石船の船乗りや商人が運んだ北陸・西日本の文化、さらにはこれ以前に流人たちがもたらした京文化が混在している。

佐渡は信仰心の強い島としても知られ、多くの寺院や神社が建てられている

観光100万人の時代を経て 新たな魅力を模索

かつて佐渡は団体の観光客が訪れる一大観光地だった。ピーク時は年間に100万人以上が訪れたそう。しかし社員旅行がなくなったり、趣味が多様化したりで観光客は減少の一途をたどっている。とはいえ人口減の佐渡にとって、観光が重要な産業であることは間違いない。今後は旅行者の多様なニーズに合わせた魅力を発信するなど、新たな取り組みが期待される。

佐渡産ワインの醸造など未知の魅力が多く、観光地として新たな可能性も

旅行にお得な特典も♪
さどまる倶楽部って何？

さどまる倶楽部は、佐渡を応援するためのサポーター制度。情報誌の送付や首都圏での関連イベントのお知らせのほか、交通機関での割引サービスも。会費無料で条件は島外在住であることのみ。
問 佐渡観光交流機構 ☎(0259) 27-5000
URL sadomaru.sado-dmo.com

voice＜ 冬の佐渡は強い季節風が吹き、山は雪に覆われるためアウトドアの遊びはシーズンオフ。しかしグルメでいうとベストシーズン。ブリや本ズワイガニなどうま味を蓄えた魚介は絶品だ。冬の味覚を楽しみに佐渡へ行くのもよさそう♪

PART 2

佐渡、旅のノウハウQ&A

実際に佐渡に行くときに知っておきたいアレコレをQ&Aでお届け。

佐渡の春は花の季節

シーズンのノウハウ

Q. ベストシーズンはいつ？

A. 7～8月。花は5～6月がきれい

晴天続きの夏がベスト。梅雨明けの7月から8月のお盆あたりまでがピーク。春の花は雪解けの5月から咲き始め、6月頃まで楽しめる。夏は6月の能月間などイベントも。

Q. シーズン選びの注意は？

A. 冬季のクローズをチェック

大佐渡石名天然杉の遊歩道は11月中旬から6月頃まで閉鎖、矢島体験交流館のたらい舟は11月から3月まで閉鎖など、冬はアウトドアの遊びがオフシーズンなので注意したい。

Q. 海に入れるのはいつまで？

A. 7月中旬～8月中旬が快適

佐渡市指定海水浴場に監視員がいるのは、7月中旬から8月中旬。7月前半でも晴れて暖かい日は海水浴を楽しめるが、強い流れには注意。お盆過ぎはクラゲ情報をチェック。

Q. 服装のポイントは？

A. 夏でも上着を用意して！

新潟本土より夏は1～2℃涼しく、冬は1～2℃暖かいというのが基準。夏は半そでで快適に過ごせるが、高地は肌寒く感じられることもあるので上着を。朝晩は冷えることも多い。

透明な海はサイコ～

島の自然を楽しんで

遊び方のノウハウ

Q. 現地ツアーはいつ予約？

A. 2～3日前に予約必須のものも

空いていれば前日の予約でも受け付けてくれるツアーが多いが、リクエストベースでガイドや講師を手配するツアーもあるので、絶対に体験したいものは数日前に予約の電話を。

Q. 商店の営業時間は？

A. 9:00～17:00くらいが基本

商店は9:00から17:00くらいまでを基準に、店によって1時間くらい前後するイメージ。日曜は休みの店が多い。また主要エリアには、24時間営業のコンビニエンスストアがある。

現金を忘れずに

お金のノウハウ

Q. 旅の予算はどれくらい？

A. 2泊3日で3万円台からOK

2020年11月の新潟～両津のカーフェリー2等が片道2290円、宿泊を1泊1万円くらいで計算すると、島内移動を含めて予算は3万円くらいから。宿泊施設や料理による。

Q. クレジットカードは使える？

A. 現金払いが主流です

クレジットカードは観光地であっても意外なほど使えない。基本的に現金で支払うつもりでいたほうがよい。カード払いにしたい場合は、宿でも食事処でも事前に確認を。

Q. 現金が足りなくなったら？

A. ATMの場所を確認しておこう

現金ベースの佐渡ではATMにお世話になる可能性が高い。島内に地方銀行やゆうちょ銀行、労働金庫、JAバンクのATMがある。またコンビニのATMは24時間使える。

voice 現地情報が少ない佐渡では、予約したホテルのスタッフやツアーガイドさんも貴重な情報源。予約したゲストにはていねいに対応してくれるはずなので、気になることがあったら聞いてみよう。

レストランのノウハウ

寿司は
必食ですよ

Q. どんな料理が食べられる？

A. 新鮮魚介は絶品です

寒流と暖流がぶつかる佐渡沖には、多種多様な生物が生息する。港に水揚げされたばかりの新鮮な魚は、佐渡グルメの大本命。宿でもレストランでも、素材のよさを生かした絶品料理にして出してくれる。

プリップリ
の岩ガキ

食べきれないほどの豪勢な舟盛り。料理自慢の旅館で堪能したい

Q. 営業時間と予約は？

A. 目当ての店は予約が◎

飲食店の営業時間は、昼は 11:00 ～ 14:00 頃、夜は 17:00 ～ 22:00 頃が基本。ただし仕入れや客足の状況によって早仕舞いする場合もある。席数が少ない人気店は予約が必須。

Q. 特別料理・追加料理って？

A. イセエビやアワビは予約を

旅館では通常の料理に加えて、イセエビやアワビなどの高級食材や舟盛りを要予約の特別料理にしていることが多い。行ってから後悔しないように、予約時に確認しよう。

Q. いつも同じ料理が食べられる？

A. 旬や禁漁期間がある食材も

アジやイカ、サザエなど通年食べられる定番食材がある一方で、その時期しか食べられないものも。例えば本ズワイガニは４～９月が禁漁期間だし、真ガキは１～４月の期間限定。

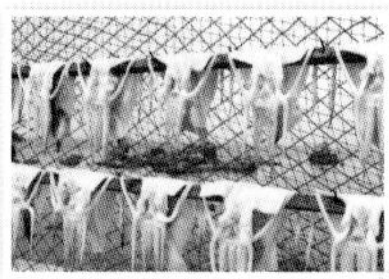

スルメイカの一夜干しは夏の風物詩

旬が詰まった
海鮮ちらし

甘～い
おけさ柿

伝統食品いごねりの材料になるエゴ草を天日干し

おみやげのノウハウ

Q. 定番のおみやげといえば？

A. やっぱり海産物がおすすめ

佐渡で食べた絶品料理を家でも楽しみたいと思う人は多いはず。干物をはじめ海の恵みを凝縮させた海産物が種類豊富に用意されているので、財布のひもは緩みっぱなし！

Q. 冷凍食品はどうする？

A. 宅配便で送るのが楽

冷凍食品は宅配することになるので、よい店を見つけたらまとめ買いするとよい。マイカーの場合はクーラーボックスを積んでおくと、冷凍食品の持ち帰りにも対応できる。

Q. 時間がないときはどうすれば？

A. 通信販売が充実している店も

タイトなスケジュールの場合は、帰りに両津港の商店街で買うのが一般的。その時間もないなら、通信販売を利用するのも手だ。気に入ったら自宅から何度もリピートできる。

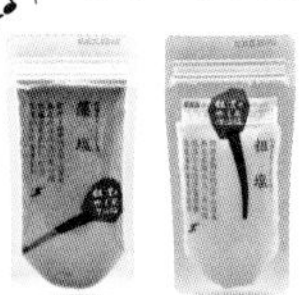
ミネラル
豊富な塩♪

ミネラル豊富な海洋深層水を使った塩は、人気のおみやげ。海藻を加えたまろやかな商品も

ネットワークのノウハウ

Q. 携帯電話はどこでも使える？

A. 高原や北部はドコモが有利

市街地はドコモ、ソフトバンク、au のどのキャリアも使えるが、トレッキングや北部のビーチなどで町を離れると電波が弱いこともあるので注意しよう。

Q. インターネット事情は？

A. 使える場所が急増中

民宿からホテルまで、Wi-Fi を利用できるところは増えている。カフェでも Wi-Fi のパスワードを用意していることが多い。両津航路のフェリー内も Wi-Fi 完備。

voice＜ 海産物の通信販売は多いが、鮮度でいうと佐渡漁業協同組合のショッピングサイトが好評。例えば南蛮エビは、水揚げされたその日のうちに発送してくれる。在庫があれば注文の翌日～３日後に新鮮な魚介が届く。URL sado-sakana.com

PART 3

気になる!　食の旬が知りたい

佐渡の海産物や農産物をいちばんおいしく食べられる旬をチェック。

◎ おいしく食べられる旬　▶ 漁獲・収穫のある月　○ 収穫のある月

	食材	1	2	3	4	5	6	7	8	9	10	11	12
海産物	アカカマス									◎	◎		
海産物	アラメ				◎	◎							
海産物	アンコウ	◎	◎	◎	◎								◎
海産物	イワガキ						◎	◎	◎				
海産物	ギンバソウ（ホンダワラ）	◎	◎	◎									
海産物	サザエ	▶	▶	▶	▶	◎	◎	◎	◎	▶	▶	▶	▶
海産物	マダコ、ミズダコ	▶	▶	▶	▶	▶	◎	◎	◎	▶	▶	▶	▶
海産物	本ズワイガニ	◎	◎	◎							◎	◎	◎
海産物	ナガモ（アカモク）		◎	◎	◎								
海産物	ヒラメ	▶	▶	▶	◎	◎	◎	▶	▶	▶	▶	▶	▶
海産物	ブリ	◎	◎	◎	◎						◎	◎	◎
海産物	マアジ	▶	▶	▶	▶	▶	▶	▶	▶	▶	▶	▶	▶
海産物	マイカ（スルメイカ）	▶	▶	▶	▶	◎	◎	◎	◎	▶	▶	▶	▶
海産物	真ガキ（加茂湖）	◎	◎	◎	◎								
海産物	マサバ										◎	◎	◎
海産物	メジ（クロマグロ）	◎	◎			◎	◎	◎			◎	◎	◎
海産物	モズク						◎	◎	◎				
海産物	南蛮エビ（甘エビ）	◎	◎	◎	◎	◎				◎	◎	◎	◎
海産物	紅ズワイガニ			◎	◎	◎	◎	◎			◎	◎	◎
農産物	イチゴ	○	○	◎	◎	◎	○						◎
農産物	イチジク							○	○	◎	◎	○	
農産物	サクランボ						◎	○					
農産物	シイタケ	◎	◎	◎	◎	◎	◎	◎	◎	◎	◎	◎	◎
農産物	スモモ							◎					
農産物	ネギ	○	○	○	○	○	○	○	○	◎	◎	◎	○
農産物	フキノトウ	○	◎	◎									
農産物	ワラビ				◎	◎	○						
農産物	アスパラガス				○	◎	○	○	○	○			
農産物	オータムポエム（アスパラ菜）	○										○	◎
農産物	カボチャ						○	◎	◎	◎	○	○	○
農産物	キウイフルーツ	◎	○									○	◎
農産物	キャベツ	○	○	○	○	○	○	○	○	○	○	○	○
農産物	ゴーヤ						○	◎	◎	◎	○		
農産物	ジャガイモ						○	◎	◎	○	○		
農産物	スイカ							◎	◎				
農産物	トマト			○	○	◎	◎	◎	○	○	○	○	○
農産物	ル・レクチェ											○	◎
農産物	おけさ柿										◎	◎	
農産物	モモ							○	◎	○			
農産物	米									◎	◎		
農産物	茶						◎	○	○				

※出典／佐渡市産業振興課地産地消推進係

voice　暖流のおかげで冬は暖かく夏は涼しい佐渡。そのため稲穂の期間が長くじっくり成熟させた米ができる。また島全体でトキを守るため農薬や化学肥料をなるべく減らしており、それが安全な米作りにもつながっている。

新幹線でもマイカーでも楽々♪

佐渡へのアクセス

佐渡へは、新潟県の本州エリアにあるふたつの港から海路でアクセス。
各都市からは新幹線や飛行機の利用、カーフェリーで自家用車の乗り入れもOK！

STEP 1 島へのゲートウエイ、ふたつの港までの行き方は？

目指すは新潟港か直江津港。便利なのは通年運航で便数の多い新潟港。

鉄道

上越新幹線で各駅へ ▶ どの港を目指すにも、東京駅が始発の上越新幹線が軸となる。新潟港の佐渡汽船ターミナルは新潟駅で下車しバスかタクシーで港へ。直江津港は上越妙高駅から、または乗り換えて直江津駅からアクセスする。

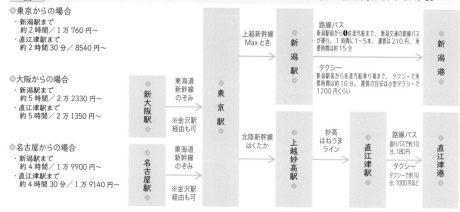

◇東京からの場合
- 新潟駅まで
  約2時間／1万760円～
- 直江津駅まで
  約2時間30分／8540円～

◇大阪からの場合
- 新潟駅まで
  約5時間／2万2330円～
- 直江津駅まで
  約5時間／2万1350円～

◇名古屋からの場合
- 新潟駅まで
  約4時間／1万9900円～
- 直江津駅まで
  約4時間30分／1万9140円～

新大阪駅 → 東海道新幹線のぞみ（※金沢駅経由も可） → 東京駅
名古屋駅 → 東海道新幹線のぞみ（※金沢駅経由も可） → 東京駅

東京駅 → 上越新幹線 Maxとき → 新潟駅
新潟駅 → 路線バス：新潟駅前から❶佐渡汽船まで、新潟交通の路線バスが運行。1時間に1～5本、運賃は210円、所要時間は約15分 → 新潟港
新潟駅 → タクシー：新潟駅前から佐渡汽船乗り場まで、タクシーで所要時間は約10分。運賃の目安は小型タクシーで1200円くらい → 新潟港

東京駅 → 北陸新幹線はくたか → 上越妙高駅 → 妙高はねうまライン → 直江津駅
直江津駅 → 路線バス：直行バスで約10分、180円 → 直江津港
直江津駅 → タクシー：タクシーで約10分、1000円ほど → 直江津港

自動車

北陸自動車道で各港へ ▶ 北陸自動車道を経て目的の港へ。佐渡へマイカーを乗り入れる場合は、カーフェリーが就航する新潟港を利用。どの港にも格安の駐車場があるので、車を置いて佐渡でレンタカーを借りることもできる。

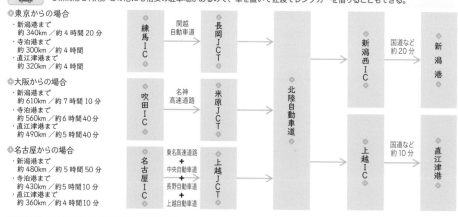

◇東京からの場合
- 新潟港まで
  約340km／約4時間20分
- 寺泊港まで
  約300km／約4時間
- 直江津港まで
  約320km／約4時間

◇大阪からの場合
- 新潟港まで
  約610km／約7時間10分
- 寺泊港まで
  約560km／約6時間40分
- 直江津港まで
  約490km／約5時間40分

◇名古屋からの場合
- 新潟港まで
  約480km／約5時間50分
- 寺泊港まで
  約430km／約5時間10分
- 直江津港まで
  約360km／約4時間10分

練馬IC → 関越自動車道 → 長岡JCT → 北陸自動車道
吹田IC → 名神高速道路 → 米原JCT → 北陸自動車道
名古屋IC → 東名高速道路＋中央自動車道＋長野自動車道＋上越自動車道 → 上越JCT → 北陸自動車道

北陸自動車道 → 新潟西IC → 国道など約20分 → 新潟港
北陸自動車道 → 上越IC → 国道など約10分 → 直江津港

飛行機

新潟空港から新潟港へ ▶ 佐渡空港への空路は、2014年4月から運休しているため、島への移動は海路のみ。全国から直行便が運航する新潟空港までアクセスし、いちばん近い新潟港を目指すのが一般的。連絡バスはないので、タクシーを利用。

- 成田から新潟空港まで　約1時間10分
- 名古屋・大阪から新潟空港まで　約1時間
- 福岡から新潟空港まで　約1時間40分

全国各地 → 新潟空港 → タクシー：30～40分／約3000円 → 新潟港

voice＜ 交通費を安くおさえるなら、新潟駅までの高速バスを利用して新潟港から佐渡に移動するのも一案。東京の新宿駅から新潟駅まで約5時間／5000円前後、大阪の新大阪から約9時間30分／9000円前後、名古屋の名鉄バスセンターから約7時間／8000円前後。

STEP 2

新潟から佐渡まで、およそ1時間〜2時間30分の船旅!

便数が多いのは新潟〜両津航路。ジェットフォイルとカーフェリーが運航している

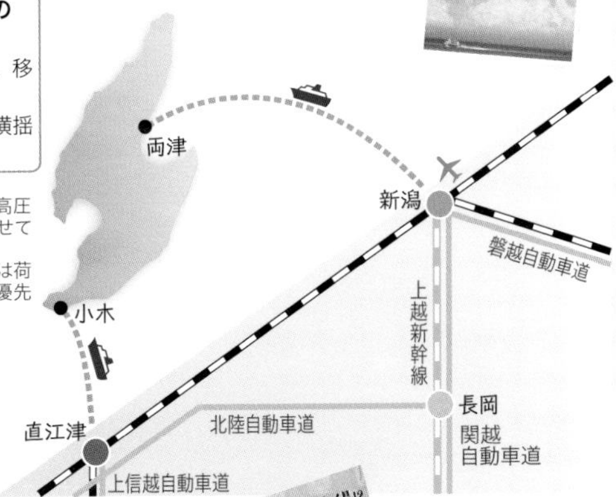

新潟〜両津航路

◎海面を飛ぶように走るジェットフォイル

ぎんが・つばさ・すいせい

- 片道料金：大人 7180 円
- 所要時間：1 時間 7 分

ジェットフォイルのメリット
- 時速 80km と速く、移動時間が短い
- 航行中は縦揺れも横揺れも少ない

ジェットフォイルは、船体を浮き上がらせ時速 80km で走行する「海の飛行機」。片道約 1 時間という気軽な佐渡旅行の強い味方だ。定員は 250 人で、1 階と 2 階にある客席は全席指定。航行中は基本的に立ち歩くことはできない。車だけカーフェリーに預けて佐渡で受け取ることもできる。

上／海水を高圧力で噴射させて前に進む
下／1 階には荷物置き場や優先席がある

◎クルーズ気分も味わえるカーフェリー

ときわ丸・おけさ丸

- 片道料金：大人 3090 円（2 等）、車両 5m 未満 2 万 80 円（大人 1 人 2 等乗船券含む）
- 所要時間：2 時間 30 分

カーフェリーのメリット
- 航行中も船内を自由に動ける
- 甲板に出られ船旅を楽しめる

ときわ丸とおけさ丸は、乗用車から大型バスまで載せられるカーフェリー。船内には広々としたエントランスやスナック、売店など船旅を楽しむ施設が揃っている。2 等船室はじゅうたん敷きの大部屋で座席の指定がない自由席。そのほか定員制の 1 等船室やベッドを備えた特等船室などがある。

新潟港（佐渡汽船ターミナル）
交 ❶ 新潟港まで、新潟駅から連絡バスで約15分（210円）、タクシーで約10分（約1200円）　住 新潟市中央区万代島9-1　電 (025)245-1234　駐車場 1時間200円（航路利用者には割引制度あり）

定員 1500 人の大型カーフェリー、ときわ丸

左／じゅうたん席では、自由にくつろげる　右／足を伸ばせる 1 等の椅子席。全席指定　下／眺めのよい展望ラウンジ。模擬の舵輪も

個人手配よりお得!?

旅行会社のパッケージツアー

乗船券と宿泊施設が含まれた旅行会社のパックは、別々に手配するよりも安く、島内施設で使える割引券が付いてくることも！

直江津〜小木航路の船は？

直江津港と小木港の間はカーフェリーが運航している。1 日 2 便で、所要 2 時間 40 分。冬は運休期間があるので注意。

直江津港
交 ❶ 直江津港まで、直江津駅から連絡バスで約 6 分（180 円）、タクシーで約 5 分（約 1000 円）。北陸新幹線上越妙高駅からはシャトルバスで約 30 分（660 円）　住 上越市港町 1-9-1　電 (025)544-1234　駐車場 1時間50円〜

予約は？ 乗船は？ 佐渡汽船のトリセツ

乗船予約〜手続き

▶ インターネットや電話で予約
インターネットや電話で直接、または旅行会社の手配で、乗船日の 3 ヵ月前から前日まで予約可能。佐渡汽船ターミナルの券売機、窓口で当日券を購入できる。詳細は下記問い合わせ先まで。

▶ 30 分前までに乗船手続き
ネットの回答メール、電話予約の受付番号、旅行会社の予約券などを持って、30 分前までに窓口で乗船券に引き換える。ネット予約の場合は、QR コードを利用して券売機での発券も可能。

▶ マイカー利用の場合は 40 分前まで
カーフェリーに車を載せる場合は余裕をもって 40 分前までに乗船手続きを行うこと。車検証の提示が必要。

▶ 大きな荷物やペットは預け入れ OK
自力で運べる荷物は船内に持ち込むことができる。ただしペットや 3 辺の和が 2 mを超える荷物には追加料金（1 匹または1個につき 520 〜 550 円）が必要。中型〜大型のペットは要問い合わせ。

船内での過ごし方

▶ 乗船開始
乗船手続き後はターミナルの食事処や待合室などで待機。改札開始の案内に従ってゲートから船内へと進む。車の場合は同乗者と一緒に車でフェリーへ乗り込む。

▶ 船内での過ごし方
ジェットフォイルは全席指定で、基本的にシートに座って目的地へ。カーフェリーは、甲板に出たり、売店やスナックを利用したり自由に動ける。

問い合わせ先　佐渡汽船☎0570-200310　URL www.sadokisen.co.jp
※表示の料金等は 2020 年 10 月のデータです（料金のみ 2023 年 6 月に更新）。

voice＜ 佐渡汽船ではお得な割引チケットを用意している。ジェットフォイル回数券は、4 回分で 1 回につき 1000 円以上の割引。ふたりでの往復に最適。また期間限定で乗用車運賃の特別割引があることも。詳細は佐渡汽船のウェブサイトで確認を。

車やバスで縦横無尽!

佐渡島内の移動術

佐渡の外周はおよそ 200km。県道や国道でグルッとひと回りできる。美しい海や自然を眺めながら、自動車やバスで目的地を目指そう。

マイカー・レンタカー

両津〜小木を結ぶ国道 350 号と、佐和田〜小木の県道 45 号が主要道路。

市街地間の移動距離と時間	新穂 トキの森公園など	外海府 大野亀周辺	佐和田 真野湾など	外海府 尖閣湾方面	相川市街 佐渡金山・佐渡奉行所跡など	西三川 ゴールドパークなど	小木港周辺 宿根木・たらい舟など	赤泊港周辺 前浜海岸など
両津港周辺 加茂湖など	県道 65 号で約 8km、約 15 分	内海府海岸沿いで約 35km、約 1 時間	国道 350 号で約 15km、約 25 分	国道 350 号と七浦海岸沿いで約 30km、約 50 分	国道 350 号と七浦海岸沿いで約 25km、約 40 分	国道 350 号で約 30km、約 50 分	国道 350 号で約 40km、約 1 時間 10 分	国道 350 号と県道 65 号で約 40km、約 1 時間 10 分
新穂 トキの森公園など		国道 350 号と内海府海岸沿いで約 40km、約 1 時間 20 分	県道 65 号と真野湾沿いで約 15km、約 30 分	国道 350 号と七浦海岸沿いで約 30km、約 50 分	国道 350 号と県道 45 号で約 25km、約 40 分	県道 65 号と国道 350 号で約 20km、約 30 分	県道 65 号と国道 350 号で約 35km、約 1 時間	県道 65 号で約 35km、約 1 時間
外海府 大野亀周辺			内海府海岸沿いと国道 350 号で約 60km、約 1 時間 30 分	外海府海岸沿いで約 40km、約 1 時間	外海府海岸沿いで約 50km、約 1 時間 15 分	内海府海岸沿いと国道 350 号で約 60km、約 1 時間 40 分	内海府海岸沿いと国道 350 号で約 80km、約 2 時間	内海府海岸沿いと県道 65 号で約 80km、約 2 時間
佐和田 真野湾など				真野湾沿いで約 20km、約 30 分	真野湾沿いで約 10km、約 20 分	真野湾沿いで約 15km、約 25 分	国道 350 号で約 30km、約 50 分	真野湾沿いと県道 65 号で約 30km、約 50 分
外海府 尖閣湾方面					尖閣湾沿いで約 10km、約 15 分	真野湾沿いで約 30km、約 50 分	真野湾沿いで約 45km、約 1 時間 10 分	真野湾沿いと県道 65 号で約 45km、約 1 時間 10 分
相川市街 佐渡金山・佐渡奉行所跡など						真野湾沿いで約 30km、約 45 分	真野湾沿いで約 40km、約 1 時間	真野湾沿いと県道 65 号で約 50km、約 1 時間
西三川 ゴールドパークなど							国道 350 号で約 15km、約 20 分	国道 350 号と県道 65 号で約 25km、約 40 分
小木港周辺 宿根木・たらい舟など								前浜海岸沿いで約 15km、約 25 分

ガソリン補給は余裕をもって!

両津や真野、佐和田などの市街地にはGSが充実しているが、内海府や外海府沿い、山間部には少ないので早めの給油を。営業日や時間もチェックしよう。

佐渡には公共の駐車場が充実。両津港ターミナルや相川観光案内所の周辺ほか、各所に点在している。専用駐車場のない店を訪れる際は、近隣に車を停める場所があるか確認を。

レンタカー info.

- ▶ 両津 アイランドレンタカー ☎(0259)23-2455 MAP P.70C3
  - 気軽にレンタカー ☎(0259)58-8031 MAP P.70B3
  - 佐渡汽船観光(株)レンタカー ☎(0259)27-5195 MAP P.70C3
  - タイムズカーレンタル佐渡両津店 ☎(0259)24-7211 MAP P.70C3
  - ニッポンレンタカー佐渡営業所 ☎(0259)23-4020 MAP P.70B2
  - ローズレンタル ☎090-1883-9747 MAP P.70C3
  - 渡辺産商レンタカー ☎(0259)27-5705 MAP P.70C3
- ▶ 新穂 JA レンタカー ☎(0259)22-3133 MAP 折り込み① A3
- ▶ 畑野 H.S レンタカー ☎(0120)66-2170 MAP 折り込み④ B3
- ▶ 佐和田 皆川自動車販売 ☎(0259)57-2425 MAP P.80B1
- ▶ 小木 アブラヤレンタカー ☎(0259)67-7791 MAP P.92B3
  - 佐渡レンタカー小木営業所 ☎(0259)86-3010 MAP P.92C2
  - 住吉スタンド ☎(0259)58-2095 MAP P.92C1

voice< 佐渡全域を網羅している新潟交通の路線バス。ただし多くても 30 分〜 1 時間ごとに 1 便なので注意。乗り放題のフリーパスの大人料金は 1 日 1500 円、2 日 2500 円、3 日 3000 円で施設割引特典付き。両津港や小木港などの営業所やバス内で購入を。

路線バス

両津港を中心に、佐和田 BS、小木港から各地へ路線バスが運行。

路線バス info.
新潟交通佐渡株式会社
電 (0259)57-2121
URL www.sado-bus.com

主要バス路線の時間と料金

本線 ▶ 運行区間：両津港~佐和田~相川　運行本数：30 分~ 1 時間ごと

両津港	→ 約45分	佐和田 BS 640円	→ 約20分	相川 840円	→ 約10分	佐渡金山前 840円

南線 ▶ 運行区間：両津港~新穂~真野新町~佐和田　運行本数：1 時間~ 1 時間 30 分ごと

両津港	→ 約20分	新穂 450円	→ 約30分	真野新町 700円	→ 約15分	佐和田 BS 810円

東海岸線 ▶ 運行区間：両津港~前浜海岸沿い~岩首　運行本数：1 日 4 ~ 5 便

両津港	→ 約25分	大川 540円	→ 約15分	野浦北 830円	→ 約25分	岩首 840円

内海府線 ▶ 運行区間：両津港~内海府海岸沿い~大野亀~真更川　運行本数：1 日 4 ~ 7 便

両津港	→ 約 1 時間	鷲崎 840円	→ 約20分	大野亀 840円	→ 約15分	真更川 840円

七浦海岸線 ▶ 運行区間：佐和田 BS ~七浦海岸沿い~相川（数本が金山などを循環）　運行本数：1 日 5 ~ 6 便

佐和田BS	→ 約20分	稲鯨 460円	→ 約20分	相川 700円	→ 約10分	佐渡金山 780円

赤泊線 ▶ 運行区間：佐和田 BS ~赤泊港~小木港　運行本数：1 日 3 便

佐和田BS	→ 約15分	真野新町 290円	→ 約 50 分	赤泊 840円	→ 約 25 分	小木 840円

海府線 ▶ 運行区間：佐和田 BS ~相川~尖閣湾~岩谷口　運行本数：1 ~ 2 時間ごと

佐和田BS	→ 約20分	相川 420円	→ 約15分	尖閣湾 650円	→ 約50分	岩谷口 840円

小木線 ▶ 運行区間：佐和田 BS ~西三川~小木　運行本数：1 時間~ 1 時間 30 分ごと

佐和田BS	→ 約15分	真野新町 290円	→ 約20分	西三川 620円	→ 約30分	小木 840円

宿根木線 ▶ 運行区間：小木港~宿根木~沢崎　運行本数：1 日 3 ~ 4 便

小木港	→ 約10分	琴浦 210円	→ 約5分	宿根木 240円	→ 約20分	沢崎 400円

国仲・金丸線 ▶ 運行区間：佐和田 BS ~新穂　運行本数：1 日 2 便

佐和田BS	→ 約40分	新穂 470円	→ 約10分	畑野 480円

定期観光バス

夏季を中心に、人気観光スポットを半日~ 1 日で巡る周遊バスが運行。

定期観光バス info.
新潟交通佐渡株式会社
定期観光バス予約センター
電 (0259)52-3200
URL www.sado-bus.com

定期観光バスコース	おもな観光ポイントと概要	料金
おけさ A	13:00 両津→白雲台→大佐渡スカイライン→佐渡金山（宗太夫坑または道遊坑）→北沢浮遊選鉱場→尖閣湾揚島遊園（オプション海中透視船）→ 17:10 相川→ 17:25 夫婦岩→ 17:45 佐和田→ 17:55 八幡→ 18:40 両津	大人 4900 円、子供 2700 円／ 4 月 1 日~ 11 月 30 日の運行（6 月の水・木・金曜は運休）※佐渡金山見学料（宗太夫坑または道遊坑の 1 ヵ所）、尖閣湾揚島遊園入園料を含む
おけさ B	8:15 両津（8:15 相川、8:30 夫婦岩、8:45 佐和田のシャトルバスで合流）→ 8:45 佐和田→佐渡博物館→尾畑酒造→妙宣寺→根本寺→トキの森公園→ 12:20 両津	大人 3400 円、子供 1800 円／ 4 月 1 日~ 11 月 30 日の運行（6 月の水・木・金曜は運休）※佐渡博物館入館料、根本寺拝観料、トキの森公園環境保全協力費を含む
金山とたらい舟	8:30 両津→ 8:55 金井（8:28 八幡→ 8:38 佐和田のシャトルバスで合流）→ 9:10 佐和田→ 9:30 相川→佐渡金山（宗太夫坑または道遊坑）→西三川ゴールドパーク→たらい舟→小木家（昼食）→トキの森公園→ 15:45 両津→ 16:00 金井→ 16:15 八幡→ 16:25 佐和田→ 16:45 相川	大人 9900 円、子供 6600 円／ 4 ~ 11 月の土・日曜、祝日および 4 月 29 ~ 5 月 6 日、7 月 18 日~ 8 月 31 日の運行 ※佐渡金山見学料（宗太夫坑または道遊坑の 1 ヵ所）、西三川ゴールドパーク入館料、たらい舟体験料、トキの森公園環境保全協力費、昼食費を含む

タクシー

市街地を中心にタクシーは充実。迎車も OK。

タクシー info.

- ▶ 両津地区　佐渡観光タクシー　電 (0259)23-4116
  港タクシー　電 (0259)27-2181
- ▶ 金井地区　おけさ観光タクシー　電 (0259)51-1111
- ▶ 佐和田地区　新潟交通佐渡　電 (0259)57-5123
  中央タクシー　電 (0259)52-3161
  おけさ観光タクシー　電 (0259)51-1111
  内藤タクシー　電 (0259)52-2174
- ▶ 真野地区　内藤タクシー　電 (0259)55-2177
- ▶ 相川地区　佐渡観光タクシー　電 (0259)74-3228
- ▶ 小木地区　新潟交通佐渡　電 (0259)86-2114
- ▶ 羽茂地区　新潟交通佐渡　電 (0259)88-2101

レンタバイク・サイクル

電動アシストが、2 時間 500 円~など。

レンタサイクル info.

- ▶ 佐渡観光交流機構　両津支部　電 (0259)27-5000 → P.125
  相川支部　電 (0259)74-2220 → P.125
  南佐渡支部　電 (0259)86-3200 → P.125
- ▶ 外海府地区　SADO 二ツ亀ビューホテル　電 (0259)26-2311 → P.97
- ▶ 佐和田地区　新潟交通佐渡観光案内所　電 (0259)57-2121　MAP P.80A1

レンタバイク info.

- ▶ 両津地区　ローズレンタル　電 090-1883-9747　MAP P.70C3
- ▶ 小木地区　アブラヤレンタカー　電 (0259)67-7791　MAP P.92B3

voice< 佐渡汽船では「日帰り満喫の旅」と題して、往復乗船、島内バス、昼食がセットになった 4 種類の日帰りプランを用意している。料金は大人 1 万 800 円、子供 6900 円。主要な観光スポットを効率よく回れる。詳細はホームページで確認。→ P.121

居心地のよさで選ぶ島の拠点

宿泊事情

佐渡には 100 室近い旅館から、数室しかない家庭的な民宿までさまざまな宿が揃う。温泉や食事、ロケーションなど、宿によって魅力やこだわりが異なる。

まずは泊まるエリアを選ぶ

観光に便利なのは両津、相川、佐和田・真野、小木の 4 エリア。両津から小木までは車で約 70 分かかるので注意。海水浴や自然散策が目的なら外海府の宿も◎。

どんなタイプの宿にする?

団体客が多い大型旅館やアットホームな民宿、スタイリッシュな洋室の旅館など、個性的な宿が揃っている。温泉の有無や町からの距離などを確認しよう。

食事自慢の宿が多い!

どの宿も食事にこだわるが、連泊するなら 1 日は町の食事処を利用すると地元の雰囲気がわかって楽しい。

インフォメーション 海も山も楽しめる! **キャンプ場**

佐渡はキャンパーに優しい島。海沿いのキャンプ場が多い。

赤亀・風島なぎさ公園	MAP 折り込み④ C3	電 (0259)27-2116
窪田キャンプ場	MAP P.80A1	電 (0259)57-2544
素浜キャンプ場	MAP 折り込み④ B4	電 (0259)86-2363
爪の沢キャンプ場	MAP 折り込み④ B3	電 (0259)87-3215

おもな宿泊リスト

※その他のホテルは両津・国中平野→ P.78、真野・佐和田→ P.85、相川・七浦海岸→ P.90、小木・宿根木→ P.95、外海府→ P.97 でも紹介しています。

両津・国中平野

旅館 **金沢屋旅館** MAP 折り込み① B1 住 佐渡市両津湊 263-2 電 (0259) 27-2829 料 素 5390 円〜、朝 6600 円〜、朝夕 8690 円〜 客室数 11 室

旅館 **寿月館** MAP 折り込み① B1 住 佐渡市住吉 229 電 (0259) 27-7069 料 素 5346 円〜、朝 6534 円〜、朝夕 8554 円〜 客室数 10 室 URL sado-jugetsukan.com

旅館 **中藤旅館** MAP 折り込み④ B3 住 佐渡市千種 85-1 電 (0259) 63-2566 料 素 4950 円〜、朝 6050 円〜 客室数 3 室 ※閉館しました

旅館 **みなみ旅館** MAP 折り込み① B1 住 佐渡市住吉 215-1 電 (0259) 27-5621 料 素 6699 円〜、朝 9075 円〜、朝夕 1 万 2045 円〜 客室数 10 室 URL sado373.com

民宿 **民宿 津島荘** MAP 折り込み④ C3 住 佐渡市両津大川 667 電 (0259) 29-2101 料 素 4950 円〜、朝 6050 円〜、朝夕 7700 円〜 客室数 8 室

民宿 **民宿 桃華園** MAP 折り込み④ B3 住 佐渡市金井新保乙 1636-1 電 (0259) 63-2221 料 素 4950 円〜、朝 6050 円〜 客室数 9 室 URL minsyuku-toukaen.com

旅館 **両津やまきホテル** MAP 折り込み① A1 住 佐渡市秋津 66 電 (0259) 23-4141 料 素 7150 円〜、朝 8250 円〜、朝夕 1 万 1000 円〜 客室数 92 室 ※閉館しました

民宿 **ロハスの館 こがね荘** MAP 折り込み④ B3 住 佐渡市栗野江 1810-2 電 (0259)66-2545 料 素 5850 円〜、朝 6550 円〜、朝夕 7550 円〜 客室数 12 室 URL koganesou.web.fc2.com

外海府

民宿 **国民宿舎 海府荘** MAP 折り込み④ B1 住 佐渡市関 428-1 電 (0259) 78-2311 料 素 6050 円〜、朝 7150 円〜、朝夕 9900 円〜 客室数 10 室 URL kaifusou.com

旅館 **福助屋旅館** MAP 折り込み④ B1 住 佐渡市願 275 電 (0259) 26-2358 料 素 4950 円〜、朝 6050 円〜、朝夕 7150 円〜 客室数 8 室

民宿 **民宿 姫岬荘** MAP 折り込み② A1 住 佐渡市達者 1338-2 電 (0259) 75-2153 料 素 4950 円〜、朝 6050 円〜、朝夕 7700 円〜 客室数 10 室

民宿 **旅館 二ツ亀荘** MAP 折り込み④ C1 住 佐渡市鷲崎 382-2 電 (0259) 26-2134 料 素 4950 円〜、朝 6050 円〜、朝夕 7700 円〜 客室数 9 室

民宿 **旅荘 食事処みなと** MAP 折り込み④ B2 住 佐渡市高千 1006-1 電 (0259) 78-2020 料 素 6050 円〜、朝 7150 円〜、朝夕 9570 円〜 客室数 7 室

相川

簡易宿泊施設 佐州おーやり館(相川観光交流センター) MAP P.86B2 住 佐渡市相川羽田町 15 電 (0259) 67-7275 料 素 2700 円〜(1 人) 客室数 8 室

真野・佐和田

旅館 **かね長旅館** MAP P.80B1 住 佐渡市河原田諏訪町 205 電 (0259) 52-3918 料 素 5500 円〜、朝 6600 円〜、朝夕 8800 円〜 客室数 8 室

旅館 **静海荘** MAP P.80B3 住 佐渡市真野新町 157 電 (0259) 55-3151 料 素 5390 円〜、朝 6160 円〜、朝夕 7700 円〜 客室数 10 室

民宿 **寿司民宿 長浜荘** MAP 折り込み④ B3 住 佐渡市大須 1021-1 電 (0259) 55-2511 料 素 4950 円〜、朝 5830 円〜、朝夕 8580 円〜 客室数 13 室 URL www.nagahama.skr.jp

旅館 **中澤屋旅館** MAP P.80B1 住 佐渡市河原田本町 96-1 電 (0259) 52-2033 料 素 4400 円〜、朝 6050 円〜、朝夕 7150 円〜 客室数 5 室

民宿 **ふれあいハウス 潮津の里** MAP 折り込み④ B3 住 佐渡市背合 38 電 (0259) 55-3311 料 素 5500 円〜、朝 6600 円〜、朝夕 8800 円〜 客室数 15 室 URL shiodusado.com

一棟貸し **Andante 葡萄農家の宿** MAP 折り込み④ B3 住 佐渡市大倉谷 672-3 電 なし 料 素 1 万 4300 円〜、朝 1 万 5730 円〜、朝夕 1 万 8920 円〜 客室数 1 棟

ホステル **Hostel Perch** MAP P.80B1 住 佐渡市河原田諏訪町 4 電 (0259) 58-7311 料 素 7000 円〜、ドミトリー 3500 円〜 客室数 3 室 +7 ベッド URL s-perch.com

赤泊

旅館 **大井屋旅館** MAP 折り込み④ B4 住 佐渡市赤泊 2163-4 電 (0259) 87-2012 料 素 5500 円〜、朝 6600 円〜、朝夕 7700 円〜 客室数 6 室

小木

旅館 **天沢旅館** MAP 折り込み④ B4 住 佐渡市羽茂大橋 1505-2 電 (0259) 88-3138 料 素 4400 円〜、朝 6050 円〜、朝夕 8250 円〜 客室数 5 室

旅館 **佐渡温泉 おぎの湯** MAP 折り込み③ C2 住 佐渡市小木町 1494-6 電 (0259) 86-1555 料 素 6050 円〜、朝 6600 円〜、朝夕 9350 円〜 客室数 21 室 URL oginoyu.com

旅館 **ホテルおぎ** MAP P.92B3 住 佐渡市小木町 1935-11 電 (0259) 81-4155 料 素 4950 円〜 客室数 23 室 URL hotelogi-sado.com

旅館 **ホテルこいちゃ** MAP P.92B3 住 佐渡市小木町 64-1 電 (0259) 67-7928 料 素 4400 円〜 客室数 9 室

旅館 **旅館やまと** MAP P.92A2 住 佐渡市小木町 1537 電 (0259) 86-2076 料 素 5500 円〜、朝 6600 円〜、朝夕 8250 円〜 客室数 8 室

一棟貸し **佐渡シーサイドヴィラ** MAP 折り込み④ B4 住 佐渡市小木町 44(受付事務所) 電 (0259) 86-3609 料 素 1 万 7250 円〜 客室数 11 棟 URL sado-seasidevilla.com

voice< 尖閣湾や大野亀などを巡るのに便利な外海府の国民宿舎「海府荘」。実はフレンチが食べられる宿として知られている。シェフは銀座の名店ロオジエで修業を積んだ本格派。フレンチは 11 〜 3 月限定で、1 週間前までに要予約。

島の過ごし方、遊び方ならおまかせ！

観光案内所活用術

佐渡に着いたらまず訪れたいのが、島内３ヵ所にある佐渡観光交流機構の案内所。島を知り尽くしたスタッフが、観光に関するさまざまなサポートをしてくれる。

活用術◇1

充実した資料をもらいにいこう

情報が少ない佐渡では、観光案内所でもらえる資料がとっても貴重。島の全体図はもちろん町歩きマップや史跡の紹介、イベントスケジュールなど使える観光資料が揃っている。滞在中におもしろい祭りがあるかもしれないし、宿泊エリアのマニアックな情報が得られるかも！

詳細な観光情報が掲載された資料がもらえる

活用術◇2

楽しい滞在プランのアドバイス

主要な観光スポットを効率的に回るには？　この時期に見ておきたいのは？　など、佐渡を満喫するための滞在プランについて相談にのってくれる。もちろん下調べをしておいたほうが楽しめるが、なかにはノープランで佐渡に来て、何をすればよいか聞きにくる観光客もいるそう。

町歩きなどのガイドの手配もする

活用術◇3

宿泊先も紹介してくれます

宿の紹介も観光案内所の仕事のひとつ。泊まりたいエリアや予算、条件を伝えると、イメージに合った宿泊施設を探してくれる。どのエリアがよいか迷っている場合は、周辺の観光スポットや町までの距離などを聞いて判断するとよい。温泉や大浴場の有無もセレクトポイントに！

人気の宿は予約が取れないことも

活用術◇4

電動アシスト自転車もここで！

自然の中を自転車で走るというのも楽しいもの。佐渡観光交流機構では電動アシスト自転車のレンタルを行っており、観光案内所や主要ホテルなどでレンタルや充電ができる。乗り捨てもできるので、例えば小木までバスで行って、充電を繰り返しながら両津港まで戻ってくるなんていうエコな旅も可能だ→ P.123。

エコだっチャリという名称で展開

気軽に寄っていって！ 佐渡観光交流機構

両津港観光案内所

両津港ターミナル内にあり、最も利用しやすい案内所。佐渡に到着したら、まずはここに立ち寄って情報収集するのがおすすめ。

MAP P.70C3
交 両津港ターミナル内
住 佐渡市両津湊 353
電 (0259)27-5000
時 8:30 ～ 17:30
休 なし

相川観光案内所

きらりうむ佐渡に併設。町歩きの情報が充実しているほか、歴史や文化の資料、無名異焼などカルチャー体験の資料も多い。

MAP P.86B2
交 きらりうむ佐渡内
住 佐渡市三町目浜町 18-1
電 (0259)74-2215
時 8:30～17:00
休 なし

南佐渡観光案内所

コンサートなどイベントが開催されることもある、マリンプラザ小木内の案内所。写真や資料の展示があることも。

MAP P.92B3
交 小木港から徒歩約３分
住 佐渡市小木町 1935-26
電 (0259)86-3200
時 8:30～17:30
休 なし

町歩きをもっと楽しもう！

ふれあいガイドを予約

観光案内所を通して申し込めるふれあいガイド。両津・真野エリアは両津港観光案内所、相川エリアは相川観光案内所、小木・宿根木エリアは南佐渡観光案内所に連絡を。ガイド１人につき１時間 2500 円～。

町の歴史がよくわかる

※観光案内所の休館日・営業時間は季節によって変更になる可能性もあります。

佐渡旅行の最終日、両津港で自転車を借りてみました。両津の町は意外に広いので、徒歩よりも自転車向きかも。ほとんど坂がないため、電動アシスト付きじゃなくても大丈夫だと思いました。（東京都　ミーモさん）

7フロアの
駅ビルには
魅力がいっぱい

使える！　新潟駅ガイド

佐渡への中継地となる新潟駅は、素通りじゃもったいないほど多彩な店でにぎわう。新潟グルメや名産品が揃い、食事からショッピング、情報収集まで楽しみ満載。

おみやげを
買い忘れても
大丈夫

厳選、新潟みやげ充実のお店

時間がなくておみやげを買えなかったら、この5店をチェック！

新潟93蔵の日本酒が飲める

ぽんしゅ館

生鮮食品や調味料、お菓子など上質な新潟みやげが揃う。なかでも日本酒が豊富で、精米歩合や日本酒度などの情報も明記される。

住 CoCoLo 新潟 西館 3F　電 (025)240-7090　時 10:00～20:00（利き酒番所は10:00～19:30）　休 なし　カード 可

利き酒番所では500円で5種の利き酒ができる

人気BEST3

1位

雪國れんが　1190円
魚沼の清酒と酒粕が香るブラウニー

2位

綿雪タルト
1190円
佐渡のチーズを贅沢に使ったタルト

3位

大地の穂
1080円
新潟の銘酒八海山の上品な香りが特徴

限定のご当地菓子が充実

ふるさと

小さな店舗には新潟限定のカジュアルなお菓子がいっぱい。どれも気になる品揃え。小分けタイプの商品はバラマキみやげに最適。

住 CoCoLo 新潟 本館　電 (025)241-6210　時 10:00～19:00（金～日曜、祝日9:00～20:00）　休 なし　カード 可

観光客のつぼを押さえた商品ラインアップ

人気BEST3

1位

サラダホープ　864円
4種の味×2袋の新潟限定小分けタイプ

2位

亀田の柿の種
1080円
新潟を代表するスナック4種詰め合わせ

3位

柿の種
フロランタン(小)
648円
柿の種とアーモンドをカラメルで固めた新感覚

新鮮な牛乳で作る風味豊かなお菓子

越後酪農菓房

新潟県酪農発祥の地、安田町の牛乳を使ったラングドシャやプリン、チーズケーキが評判。

住 CoCoLo 新潟 本館
電 (025) 245-6805
時 ふるさと（左）と同様
休 なし　カード 可

一番人気の安田牛乳ラングドシャー 1134円（18枚）

1858年（安政5年）創業の老舗菓子店

大阪屋

新潟市中央区に本店をもつ新潟を代表する菓子店。季節のフルーツを使った限定商品も多い。

住 CoCoLo 新潟 本館
電 (025) 243-7251
時 ふるさと（左）と同様
休 なし　カード 可

軟らか生地にクリームを詰めた万代太鼓 1415円（10個）

素材を厳選し、手間暇かけた味を

加賀屋

創業1855年（安政2年）。サケやタラ、ホタテなどを原料とする加工品は全国にファンが。

住 CoCoLo 新潟 本館
電 (025) 243-7253
時 ふるさと（左）と同様
休 なし　カード 可

看板商品はカナダのキングサーモンを使ったさけ茶漬 1944円（中瓶）

案内所で情報をゲット

新潟駅万代口観光案内センター

住 新潟市中央区花園 1-1-1
電 (025)241-7914
時 9:00～19:00
休 なし

展望台から日本海を一望！

新潟港から徒歩約5分の朱鷺メッセは、展示場やホテル一体型のコンベンション施設。地上125mの展望台から市街や佐渡を見渡せる。

住 新潟市中央区万代島 6-1
電 (025)246-8400　時 8:00～22:00（最終入場 21:30）　休 なし
料 無料　URL www.tokimesse.com

佐渡の食卓に欠かせないものナーニ？

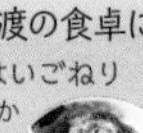

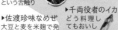

▶朝食にはいごねり
海藻を煮溶かした、ツルッという舌触り

▶夕飯には日本酒
晩酌は地酒。地元の人にはそれぞれ好みの銘柄が

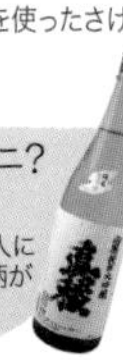

▶千両役者のイカ
どう料理してもおいしく食べられる

▶佐渡珍味なめぜ
大豆と麦を米麹で発酵させた健康食品

▶家庭の味 にしめ
豆腐や昆布、根菜などの煮込み料理

voice
冬に食べるタラの沖汁は、スケソウダラを生きたままブツ切りにして味噌で味つけした豪快な料理。生きている南蛮エビを金網で焼くエビの鬼殻焼きも冬の名物。また鮎の石焼は焼いた石の上に味噌で土手を作り、その中で鮎を焼く羽茂地区の名物料理。

さくいん

観る・遊ぶ　食べる・飲む
買う　泊まる

地球の歩き方
JAPAN
島旅 10

佐渡 3訂版

STAFF

Producer　斉藤麻理
Editors & Writers　高井章太郎（アトール）、三浦淳
Photographer　松島正二
Designer　坂部陽子（エメ龍夢）
Maps　千住大輔（アルト・ディークラフト）
Proofreading　トップキャット
Printing Direction　株式会社ダイヤモンド・グラフィック社

Special Thanks　佐渡観光交流機構、佐渡汽船
Contributed Photographer　伊藤善行（ご縁の宿 伊藤屋）、大石惣一郎（佐渡棚田協議会）
市橋弘之（佐渡トレッキング協議会）、近藤利弘（佐渡の能を識る会）

地球の歩き方 JAPAN 島旅 10　佐渡 3訂版
2015年4月3日　初版第1刷発行
2024年9月13日　改訂第3版第3刷発行

著作編集　地球の歩き方編集室
発行人　新井邦弘
編集人　由良暁世
発行所　株式会社地球の歩き方
〒141-8425　東京都品川区西五反田2-11-8
発売元　株式会社Gakken
〒141-8416　東京都品川区西五反田2-11-8
印刷製本　大日本印刷株式会社

※本書は基本的に2020年9月の取材データに基づいて作られています。
発行後に料金、営業時間、定休日などが変更になる場合がありますのでご了承ください。
更新・訂正情報 ▶ https://book.arukikata.co.jp/support/

本書の内容について、ご意見・ご感想はこちらまで
〒141-8425　東京都品川区西五反田2-11-8
株式会社地球の歩き方
地球の歩き方サービスデスク「島旅　佐渡編」投稿係
URL ▶ https://www.arukikata.co.jp/guidebook/toukou.html
地球の歩き方ホームページ（海外・国内旅行の総合情報）
URL ▶ https://www.arukikata.co.jp/
ガイドブック『地球の歩き方』公式サイト
URL ▶ https://www.arukikata.co.jp/guidebook

●この本に関する各種お問い合わせ先
・本の内容については、下記サイトのお問い合わせフォームよりお願いします。
URL ▶ https://www.arukikata.co.jp/guidebook/contact.html
・広告については、下記サイトのお問い合わせフォームよりお願いします。
URL ▶ https://www.arukikata.co.jp/ad_contact/
・在庫については　Tel ▶ 03-6431-1250（販売部）
・不良品（乱丁、落丁）については　Tel ▶ 0570-000577
学研業務センター　〒354-0045　埼玉県入間郡三芳町上富279-1
・上記以外のお問い合わせは　Tel ▶ 0570-056-710（学研グループ総合案内）

© Arukikata Co., Ltd.
本書の無断転載、複製、複写（コピー）、翻訳を禁じます。
本書を代行業者等の第三者に依頼してスキャンやデジタル化することは、
たとえ個人や家庭内の利用であっても、著作権法上、認められておりません。
All rights reserved. No part of this publication may be reproduced or used in any form or by any means, graphic, electronic or mechanical, including photocopying, without written permission of the publisher.

※本書は株式会社ダイヤモンド・ビッグ社より2015年4月に初版発行したものの最新・改訂版です。
※学研の書籍・雑誌についての新刊情報・詳細情報は、下記をご覧ください。
学研出版サイト ▶ https://hon.gakken.jp/
地球の歩き方島旅公式サイト ▶ https://www.arukikata.co.jp/shimatabi/

島旅の思い出や
おすすめを教えて！

読者
プレゼント

ウェブアンケートに
お答えいただいた方のなかから、
毎月1名様に地球の歩き方
オリジナルクオカード(500円)
をプレゼントいたします。
詳しくは下記の
二次元コードまたは
ウェブサイトをチェック！

URL
https://www.arukikata.co.jp/guidebook/enq/shimatabi